# 基督教文化研究丛书

主编 何光沪 高师宁

二编 第 **3** 册

## 索洛维约夫宗教哲学思想研究

潘明德 著

花木兰文化出版社

国家图书馆出版品预行编目资料

索洛维约夫宗教哲学思想研究／潘明德 著 -- 初版 -- 新北市：
花木兰文化出版社，2016〔民 105〕
目 4+168 面；19×26 公分
（基督教文化研究丛书　二编　第 3 册）
ISBN 978-986-404-512-9（精装）
1. 索洛维约夫 2. 学术思想 3. 宗教哲学
240.8　　　　　　　　　　　　　　105001924

ISBN-978-986-404-512-9

9 789864 045129

# 基督教文化研究丛书
## 二编　第三册

ISBN：978-986-404-512-9

# 索洛维约夫宗教哲学思想研究

作　　者　潘明德
主　　编　何光沪　高师宁
执行主编　张　欣
企　　划　北京师范大学基督教文艺研究中心
总 编 辑　杜洁祥
副总编辑　杨嘉乐
编　　辑　许郁翎
出　　版　花木兰文化出版社
社　　长　高小娟
联络地址　台湾 235 新北市中和区中安街七二号十三楼
　　　　　电话：02-2923-1455／传真：02-2923-1452
网　　址　http://www.huamulan.tw 信箱 hml810518@gmail.com
印　　刷　普罗文化出版广告事业
初　　版　2016 年 3 月
全书字数　148143 字
定　　价　二编 11 册（精装）台币 20,000 元

# 索洛维约夫宗教哲学思想研究

潘明德 著

## 作者简介

潘明德，1962 年 12 月生，安徽潜山人。复旦大学哲学博士，现为上海金融学院教授。在《复旦学报》、《学术月刊》、《武汉大学学报》、《河北学刊》等期刊上发表论文 30 余篇；与人合作在人民、解放军等出版社出版著作 10 余部。其中一些论文被《新华文摘》《高校文科学术文摘》《人大复印资料》《光明日报》《读书报》《文摘报》等刊物转载或摘编。

## 提　　要

　　我的这篇论文主要是从宗教哲学的角度对索洛维约夫的思想进行阐述的。索洛维约夫虽然主要被定位为宗教哲学家，但这并不表明他对一般哲学问题没有研究，其实无论是东方哲学还是西方哲学，他都进行过深入研究，尤其是对西方哲学更是精通，他的硕士与博士论文都是以批判西方哲学为内容的。我之所以选择他的宗教哲学思想作为对象，主要是因为：第一，他的宗教哲学思想富有俄罗斯民族特色，可以说在世界哲学领域独树一帜。第二，国内对此还缺乏比较系统的研究，不像从一般哲学的角度对他进行研究，已经有人尝试过，如徐凤林教授的《索洛维约夫》就是如此。第三，受资料搜集工作的限制，我搜集的关于他的宗教哲学方面的资料相对于一般哲学思想的资料要全面些。

　　论文分为六个部分。第一部分为索洛维约夫的生平介绍（略）。第二部分为索洛维约夫宗教哲学思想的逻辑结构与主要特征。认为索洛维约夫的宗教哲学学说是以"一切统一"这一宗教——形而上学原则为其逻辑起点，通过分析包含在一切统一原则中的"统一"与"一切"这两个极端的对立统一关系，然后将它贯彻到世界历史的各个领域而建立起来的。因此，"一切统一"概念对于索洛维约夫的学说来说，是一个非常关键的概念，不了解这个概念，就不可能理解他的学说。索洛维约夫的宗教哲学学说是依靠三分式的模式作为基本架构构建起来的。我们在他的学说的很多组成部分里都可以看到这样的三分式，如：宇宙进化和众神起源的三个阶段、存在者的三种基本存在方式、人类社会存在的三种基本形态、宗教启示的三个阶段等等，这明显是受黑格尔的三段式影响的结果。索洛维约夫宗教哲学思想最明显的特征是它的世俗性，即它虽然是从宗教原则出发的，但落脚点则是人类社会的和谐发展，是人类幸福生活的共同实现。这与其他宗教思想总是将人类的幸福寄托在天上世界的人类幸福观有根本区别，并且他充分肯定了人的自由与主体地位，赋予人以自我救赎的主动权。

第三部分为完整知识论。索洛维约夫认为，真正的知识应该是完整的知识。所谓完整的知识就是神学、哲学与科学三者的有机综合。这种有机综合不同于三个学科的机械拼凑，在这样的综合里，我们不可能找到其中任意单独的一个学科。我们从未知的综合的任何一个成分出发，都可以求得这种综合。例如，实证科学当它上升为真正的体系时，就会转化成完整知识；哲学当它克服了自己的片面性之后，也就成了完整知识；同样，神学在克服了自己的局限性之后，也会成为完整知识。因此，完整的知识也可以称为完整的科学，或者完整的哲学与完整的神学。在这里，差别只在于出发点不同，叙述方式不同，结果和肯定的内容则并无二致。神学、哲学与科学三者之间的有机联系可以概括为：它们相互制约、相互补充，共同帮助我们获得对真理的认识。神学就其绝对性质讲，具有头等重要意义，因为它决定着完整知识的最高本原和最终目的；经验科学就其物质性质讲，可充当外在基础，同时是最高本原最大限度的运用或实现；哲学就其以形式为主的性质讲，表现为整个体系的中介或普遍联系。

完整知识的根据主要在于它的对象是存在物，而不是存在。索洛维约夫将存在物与存在两个概念严格区分开了。他认为存在有两种含义，一种是作为主体的实在属性的存在，另一种是作为实在谓项的语法谓项的存在。这两种含义截然不同，不能混淆。而存在物则是自身具有存在的肯定力量之物，它包含三个要素：即原子、活生生的力量（单子）和理念。存在物分为基本存在物与绝对存在物，基本存在物的全体构成了一切，它们的内在统一则构成了绝对存在物。绝对存在物本身则拥有完整性，其本身虽然永远不能变成多数，却拥有一切多数，因而以这种存在物为对象的知识无疑是完整的知识。历史上的各种哲学理论之所以都具有片面性，原因就在于它们都不是将绝对存在物作为自己的对象，而是将它的表现——存在作为自己的对象。

索洛维约夫还分别对经验主义、理性主义与神秘主义三种哲学进行了分析，认为前两种哲学殊途同归，最终都会走上自我否定的道路。只有神秘主义承认哲学的对象有其绝对的现实性，它既不依赖于外在物质世界的实在性，也不依赖于我们的思维，相反，"这种现实性把真正存在物的实在性赋予这个世界，而把真正存在物的观念内容赋予我们的思维。"但神秘主义只能充当真正哲学的基础，它本身还不能构成真正的或综合性的哲学的（即完整知识或自由神智学的）体系。因为它有其局限性，即它只确认一种具有内在绝对可靠性形式的直接知识，它所肯定的只具有直接实体性的存在物，只能被同样直接的情感或信仰所感知，而对作为观念的存在物的客观发展，神秘主义或者加以忽略，或者坚决否定，把知识的一切对象性的和观念性的内容统统归结为人类智力的主观幻想。另外，它还缺乏逻辑思维的证明与经验事实方面的确认。

此外，索洛维约夫还对怀疑主义进行了驳斥，因为完整知识遭到了怀疑主义的挑战。怀疑主义分为流行的怀疑主义与学院派怀疑主义两类，前者从我们人类智力的有限性角度、后者从三个方面对完整知识提出了质疑，因此，不驳倒怀疑主义，完整知识的理论就不可能真正被确立。而一旦驳倒了怀疑主义，就意味着从反面为自己存在的根据提供了证明。

怀疑主义的三个论点概括起来就是，将存在物与现象绝对对立起来，否认二者之间的联系，断言我们的认识只能达到现象，而绝不能达到存在物本身。索洛维约夫的观点正好与之相反，认为，真正的存在物不是特有的、简单的和模糊不清的实体，它具有现实的和完满的存在的所有力量；现象不可能和存在物分离，存在物可以通过其现象在某种程度上被认识；我们的认识形式的主观存在，不妨碍这些形式与认识主体范围外的独立实在相符合；如果我们的认识的所有因素都是表象或映象，那么它们所表现的或描述的就是存在物，因此存在物通过它们即可被认识。

完整知识论的不足在于它混淆了几个不同的概念，它认为智力附加给感觉的"预先存在于自身中的形式"，同时又隐藏"在我们精神的不可见的无意识的深处"。索洛维约夫说："我把现象理解为本质的可知性、它的对象性或为他物的存在；我把自在的存在物理解为该存在物本身，因为它不属于他物，即它自有其应有的现实性。由此直接得出这些范畴的相互关系，并且决不可能把其中的一个范畴完全强加给形而上学本质，而把另一个同样绝对地只赋予我们的现实经验世界，从而使这两大领域分离，使一者对另一者绝对格格不入。"但是，如果"现象是本质的可知性"，而索洛维约夫所谓的"存在物"又是指"同样的本质，因为它不属于他物"，那么由此应该"直接得出"存在物本来的不可知性和不能将信仰作为整个先验的认识过程的完成阶段而包括在"三阶梯式的知识"过程中。

第四部分为神人论。神人概念既可以作为名词理解，也可以作为动词理解。作为名词理解时是指具有神性的人，这是强调人的高尚性与精神性，表明了人的超越性与绝对性的一面；作为动词理解时则反映出索洛维约夫的社会历史发展观，即人类社会的发展是一个不断克服人与上帝之间的分裂，使人逐渐回归上帝，最终与上帝结合的过程，也就是人逐渐被神人化的过程。索洛维约夫认为，人本质上具有神性，在一开始与上帝是统一的，人在自己的意识里接受并携带着神的永恒的理念，同时，根据自己的实际来源和存在，他不可分割地与外部自然界相连，所以，他是神与自然界之间的中介。神的统一原则就是依靠人这一中介来向自然界贯彻的，人靠着在意识里与神相通，也拥有一切统一原则。然而，人由于自己个性的绝对性与自由本质，他也希望像上帝那样自主地即从自己出发拥有一切统一原则，于是，他便独立于上帝，在上帝之外肯定自己，在自己的意识里远离上帝，最终与上帝分离，这就是人的堕落。

人因自己的堕落而不可避免地陷入了物质原则的统治。他自己仅仅成为一个事实，而不再是自然世界里的统治中心，他成了众多的自然存在物中的一个。于是这个世界不再用他所能理解的语言说话了，也不再理解他的语言了，不再听他的话了，人的意识世界陷入混乱。在外部自然界起作用的，在人的内在统一之前就达到了人的意识里的那些组织原则，重新抛弃了人，人的意识成了寻找自己的内容的简单形式。在这里，这个内容（一切统一）因此就成了外在的东西，意识需要重新把它变成自己的，需要重新接受它。这样意识对绝对内容的内在接受就构成了一个新过程，这一过程也就是神人化的过程，它构成了人类历史发展的目的。

本文还指出了索洛维约夫的神人观与基督教神人观之间的异同，尤其是它们之间的区别。主要表现为：（1）两者虽然都认为神性和人性可以结合在一起，但对这种结合中人的范围却有着不同的规定；（2）两者虽然都以拯救人类为目的，但对拯救含义的理解存在着差异；（3）两者的救赎方式也存在着差别。

神人论似乎在以下两个方面存在着矛盾：一方面，它断言世界灵魂的堕落是不应该的，因为它造成了自然世界的不应该的状态，这种状态与神的完善的原则是不相符合的。消除这种不应该的状态构成了我们人类社会发展的目的。同时在它那里，世界灵魂堕落所造成的自然界的分裂对于神来说，似乎又是必需的，因为这为神发挥自己的作用提供了条件。神可以利用这种分裂存在的这个否定行为发挥自己积极的反作用，显示自己联合的力量。另一方面，在它那里，人类与神的结合，达到神人类，是自由思考的结果，而不是强制、必然的结果。"同时，对于它来说，达到神人类的神人过程似乎又是必然的、被决定的进化过程。"这一进化过程包括三个阶段：原初的人——人类的原型阶段，这时的人还没有从神的生命的永恒统一中分化出来，自然的人——堕落了的人阶段与精神的人——神人阶段。这一过程代表了人类历史的发展方向，因而具有历史必然性。

第五部分为神权政治论。所谓神权政治，就是实行祭司、国王与先知三种权力共同统治社会的政治体制。它的目的是要强化神权的作用，实现人与神之间的内在结合，从而构造出完整的、有机的社会整体。索洛维约夫认为，从人的根本意志或从人对客观幸福的追求中可以得出人类社会联盟的三种基本形态：经济社会、政治社会与精神社会。经济社会主要具有物质意义，它构成人类社会的基础；政治社会主要表现出形式特征，它构成经济社会与精神社会的中介；精神社会则具有完整的和绝对的意义，它构成人类社会发展的目的。完善的社会应该是这三种社会形态组成的自由和内在的联盟，是一个完整的机体，他称之为自由的神权国家或整体社会。其中的精神社会或教会代表的就是神权，政治社会或国家代表的就是世俗权力。

索洛维约夫认为，在自由的神权国家中，世俗权力并不是与神权拥有相同地位的，最高权威属于神权，而不是世俗权力。这是因为教会是神人之体，在它之中有某种低级力量中所没有的东西，它具有宗教优越性，即它是为神的事业提供特殊服务的。但在达到自由神权国家之前，由于自私自利的恶的原则的作用，神权与世俗权力之间的这种主次关系经常被破坏，它们为各自的利益经常发生斗争，给人类造成了许多痛苦与灾难。因此，对于人类来说，克服恶的原则的诱惑，使自己的意志服从神的意志，与之一致，在自己的神性人化后使自己的人性神化，即实现自由的神权国家，始终是追求的目标。

要实现自由神权国家的目标，途径主要有两个，一是实现教会的联合，二是依靠崇高的神的世界的天启，而能够接受天启的民族就是俄罗斯。

从上述实现神权政治的途径，我们可以看到，它们都显得比较空泛，并不具有实际上的可操作性。教会的联合最终被归结为善良的意志行为；能够体现第三力量的俄罗斯民族的所有努力最终也只是被简单地归结为放弃自己的民族利己主义这样一种无力的呼吁。为什么索洛维约夫不提出具体的可操作的实现途径呢？是他的智力不允许，还是他不愿意？显然都不是，真正的原因在于他提出的神权政治的理想本身所具有的乌托邦性，也就是说，神权政治的理想虽然诱人，然而却无法实现。别尔嘉耶夫说："他的神权政治是真正的宗教乌托邦，它按照皇帝、最高主教和先知三方的模式构造，就此而言是很具唯理主义色彩的。"

第六部分为索菲亚学说。索菲亚一词在索洛维约夫那里有几种含义，有时指被产生的统一，有时指永恒的、完善的人类机体，有时又指世界灵魂。可以说，他的索菲亚学说基本上就是由对这几种含义的具体解释所构成的。因此，他的索菲亚学说并不具有其他学说的那种形式上的完整性。被产生的统一也可以说是表现出来的、得到实现的神的一切统一的理念，它与作为神的理念的一切统一相对，他称神的这种一切统一理念为起作用的或产生的统一。所谓世界灵魂，是指一切被造物的活生生的中心或灵魂，它同时是神的现实形式——被造存在的实在主体和神的作用的实在客体。因此，它是众多的活的存在物与神的绝对统一之间的中介。这个灵魂参与神的统一，同时包含着一切众多的灵魂，这就是一切统一的人类。

索洛维约夫之所以用索菲亚来阐述自己以上思想，主要因为：第一，他自己有过三次索菲亚体验，使他产生了一种索菲亚情结。第二，索菲亚在俄罗斯具有圣母的形象，一直受到俄罗斯民族的尊崇，它渗透在他们的传统文化之中。

但总起来看，他的索菲亚学说存在着比较严重的缺陷，所以叶夫多基莫夫说："为了填平造物主与造物之间的鸿沟，索洛维约夫引入了他的索菲亚学说，但其义理含糊且缺乏连贯性。"

# 前　言

　　在 19 世纪之前，哲学对于俄罗斯民族来说，一直是个不太亲切的概念，因为他们对这一概念的了解一般都是通过别的民族其中最主要的是西方民族获得的，哲学并不属于他们。他们对此也一直耿耿于怀，总觉得这与俄罗斯民族的身份不相称。当然也有人对此不以为然，认为这是对俄罗斯的误解，尼.洛斯基在他的《俄国哲学史》一书中就表达了这样的看法，他在书的开头列举了俄罗斯文化的巨大成就之后说："如果说如此高度发展的文化在哲学领域中竟没有产生出任何独到的东西，那将是不可思议的。"不管怎样，有一点是无疑的，那就是 19 世纪之前，俄罗斯哲学在世界哲学舞台上从未扮演过重要角色，从未引起过别人的注意。这种状况由于索洛维约夫的出现才最终得到改变。索洛维约夫在俄罗斯哲学史上的地位与作用用一句话概括就是，他确定了俄罗斯宗教哲学的特征与发展方向。对此，别尔嘉耶夫在他的著作《俄罗斯思想》中说道："在 20 世纪已经由索洛维约夫的丰富多彩的、常常是自相矛盾的思想发展出各种不同的流派——布尔加柯夫和特鲁别茨科伊公爵的宗教哲学，弗兰克的全俄统一哲学，勃洛克、别雷、伊万诺夫的象征主义，总之，20 世纪初的各种问题都与他紧密地联系在一起，尽管就狭义而言现在可能已经没有索洛维约夫。"索洛维约夫因此被称为新宗教哲学之父。

　　虽然从总体上看，到目前为止的俄罗斯哲学在世界哲学舞台上的影响有限，然而，自 20 世纪俄罗斯新宗教哲学复兴以来，它的影响正在逐渐加强，别尔嘉耶夫被称为 20 世界俄罗斯的黑格尔就是很好的例证，可以说它已构成了西方哲学的一个重要组成部分。但是我们对俄罗斯哲学的研究一直处于比较薄弱的状态，主要表现为：第一，我们只是从上个世纪 80 年代才开始翻译俄罗斯哲学原著，并且数量有限。第二，我国目前从事俄罗斯哲学研究的人员数量非常有限。第三，俄文原著资料更是奇缺。

我之所以选择索洛维约夫的宗教哲学作为研究对象，主要是因为：

第一，现代西方哲学的一个显著特征就是力求克服近代西方哲学的理性与感性、物质与意识、主体与客体、身与心之间的二元分立倾向，几乎是一个流派就提出了一种解决方法，如有理性主义的、经验主义的、唯意志主义的、现象学的、存在主义的等等。索洛维约夫也是反对二元分立的，他称这种分立是一种"抽象的原理"，并对之进行了深刻批判，这一工作构成了他的硕士与博士论文的主要内容。但他提出的解决问题的方法与上述这些流派都不相同。他是从宗教世界观的原则出发，用"完整知识"的原理来消除这种对立的，这无疑是一种解决问题的新思路。

第二，他的神人思想尽管是从宗教立场提出的，主要是为论证他的历史哲学服务的，但包含了对人的一种新的独特的理解，意味着在人道主义中克服人的自给自足性，同时又确认人的积极性、人的最高尊严、人身上的神性。它是俄罗斯思想所特有的成果，无论是在谢林，还是在西方思想的其他代表者的哪种形式中都没有这种学说。

第三，在一定的意义上可以说，19 至 20 世纪俄罗斯的宗教哲学家是利用基督教概念和形象来解决"生命的精神基础"这一哲学问题，力图证明一种能赋予人生、历史和世界以内在根基和意义的精神实在。在他们看来，人的高尚性、超越性、精神价值，只能是与上帝观念相联系的。弗兰克说："人同神的关系，与神的联系，是人的本质的决定性特征。使人成为人的东西——人的人性因素，就是他的神人性。"索洛维约夫的神人类学说就是对这一思想的阐发。我觉得索洛维约夫强调"生命的精神基础"，强调人的高尚性与精神价值，对我国当代的实际很有借鉴意义。改革开放使我国的物质文明建设跃上了一个新台阶，但无庸讳言的是，我们的精神文明建设则相对落后，以至于一些人仅仅从物质层面上来理解人，把人看作纯经济的动物，形成了金钱至上、惟利是图、一味追求物质享受的人生观。索洛维约夫的上述观点无疑可以为我们改变这种状况提供理论支持。

此外，索洛维约夫的哲学创造活动对我们国内今天的哲学研究也具有一定的启发作用。索洛维约夫的出现使得俄罗斯开始有自己的哲学，以后逐渐发展，在世界哲学舞台上的影响也逐渐加强，以至最终令人刮目相看。我们今天虽然存在中国哲学这个概念，然而它最多只是古人留给我们的遗产，从严格哲学意义上看，已不能代表我们今天时代精神的精华了，因此，有必要对它进行彻底的改造。从这个意义上，我们可以说，我们需要像索洛维约夫这样富于创造精神的哲学家。

目前国内研究过索洛维约夫哲学思想的学者主要有：刘小枫（中山大学）、董友（北京师范大学）、徐凤林（北京大学）、马寅卯（中国社会科学院）、雷永生（中国青年政治学院）、张百春（中国石油大学）、金亚娜（黑龙江大学）、张雅平（世界宗教研究所）等。他们取得了一批很有分量的成果，主要有：

### 1、著作与论文

（1）《索洛维约夫》，徐凤林著，1995 年台湾东大图书公司出版。

（2）"索洛维约夫对西方哲学的批判"（马寅卯）、"对爱的独到见解"（雷永生）、"俄侨哲学家的索菲亚学说"（金亚娜）、"俄罗斯新宗教哲学之父：索洛维约夫"（董友）、"索洛维约夫论人类社会的发展"（张百春）、"索洛维约夫论西方哲学"（张百春）、"从自然宗教到基督教——索洛维约夫论人类宗教意识的发展"（张百春）等。

### 2、译著与译文

（1）《西方哲学的危机》

（2）《完整知识的哲学本原（基础）》

（3）《神人类讲座》

（4）《神权政治的历史与未来》

（5）《爱的意义》

（6）"俄罗斯思想"

（7）"大争论与基督教政治"

（8）"犹太人与基督教问题"

（9）"俄罗斯与欧洲"

（10）"维护彼得大帝"

（11）"斯拉夫主义及其蜕化"

（12）"俄罗斯民族理想"

由于能力以及研究条件如资料等的限制，我的这篇论文虽然力求比较系统地、全面地反映出索洛维约夫的宗教哲学思想，但难免挂一漏万，存在这样或那样的问题。我只能期望它起一种抛砖引玉的作用，通过它引起人们对索洛维约夫哲学思想的关注。我想不久的将来，对索洛维约夫感兴趣的人会越来越多，好的研究成果也会越来越多。

# 第一章　索洛维约夫其人

## 第一节　索洛维约夫所处的时代背景

### 一、位于东西方之间的俄罗斯的尴尬处境

　　俄罗斯在地理位置上介于欧洲和亚洲之间，横跨欧亚两个大陆。这种独特的地理位置为俄罗斯民族的发展提供了两种相反的可能：一种是充分利用自己地理位置的这种开放性，与欧、亚加强经济、文化交流，努力向它们学习，吸取它们的长处，通过与它们的比较，发现自己的不足并及时加以改正，使自己始终左右逢源，处于比较健康、稳定的发展之中；另一种是因对自己缺乏正确的、切合实际的民族定位而一直左顾右盼、犹豫不决，高不成，低不就，顾此失彼，以至于总是错失良机，使自己的发展受到阻碍。很不幸的是俄罗斯由于种种原因并未能够实现第一种可能，因此，它只能接受第二种可能。由于这第二种状况是它们自己选择的结果，因而在通常情况下他们对此不会有什么特别的感受，尤其在资本主义产生之前，俄罗斯与西方的差距还不太明显的时候。然而，随着资本主义的产生与发展，俄罗斯民族与西方差距的日益加剧，特别是到了 19 世纪中期，资本主义确立了自己的世界体系，俄罗斯人的民族危机感逐渐加重。这种生存的压力迫使俄罗斯人不得不反思自己的所作所为与所思，于是发现他们的选择使自己处于一种比较尴尬的地位：既难以融入比他们远为先进的西方社会，又不屑于与比自己落后的东方社会为伍。

　　对自己尴尬处境的认识标志着俄罗斯民族自我意识的觉醒，于是，在欧洲和亚洲两个大陆之间寻求生存空间，给俄罗斯民族以恰当的文化定位，预测俄罗斯未来的前途和命运等，成了俄罗斯思想家、政治家的重要任务。17～18 世纪之交彼得大帝的改革可以看作政治家在这方面的首次尝试。这次改革的内容之一就是向西方国家学习，引进西方的先进文化。尽管这次改革由于多种原因并没有达到使俄罗斯强大起来的目的，但它使俄罗斯与西方的关系问题突显出来，引起了人们对俄罗斯与西方关系的思考。改革举措本身说明彼得大帝对西方文化的认同，改革的失败则引起人们对俄罗斯与西方社会之间相容性的怀疑。这种对尴尬处境的自我意识使得俄罗斯思想家比任何时候都更关系自己民族的历史使命与世界地位问题，他们从不同的角度、不同的方面思考着俄罗斯的独立性、现实处境以及未来命运等问题，并将它们与宗教联系起来。产生于彼得大帝改革之后的"斯拉夫派"与"西方派"，虽然在很多具体观点上截然对立，然则在这个问题上却有着共同的愿望，被赫尔岑比喻为具有两副面孔的雅努斯神和双头鹰。可以说，对民族、国家以及人等问题的关注构成了俄罗斯思想的主要特征。

　　也许正是这种尴尬的处境造成了俄罗斯民族性格的矛盾，而解决这一矛盾，构成俄罗斯思想家的另一项重要任务。别尔嘉耶夫在他的名为《Душа России》（俄国魂）的小册子里探讨了俄罗斯民族性格的二重性问题。他认为，俄罗斯民族是一个矛盾的民族，具有悖论性质，让人难以理解。如：既无法无天、厌恶政治，又是世界上最为国家化和最为官僚化的国家；既反对沙文主义，又最具民族情绪，自大狂妄；既具有无限自由的精神，能够云游和探求上帝的真理，又奴性十足，逆来顺受，保守成性，缺乏人权意识和对人的尊严的维护。他说道："俄国生活中的矛盾，总要在俄罗斯文学和俄罗斯哲学思想中表现出来。俄国的精神创造也和俄国的历史存在一样，都是二重性的。这在我们最有代表性的民族意识形态——斯拉夫主义中，在我们最伟大的民族天才——陀思妥耶夫斯基的身上，表现得最为突出。在斯拉夫主义者和陀思妥耶夫斯基的身上，有俄国历史的悖论性和二律背反性的全部烙印。陀思妥耶夫斯基的面目，一如俄罗斯本身的面目，如此富有二重性，以致它给人的感觉是对立的。既深不可测，高不可攀，又卑微低贱，奴性十足，毫无尊严。对人无限的爱，真正基督式的爱，伴之以对人的仇恨和残酷无情。渴望像基督（宗教大法官）一样的绝对自由和奴隶般的驯顺，并行不悖。……"[1] 他最终将俄罗斯民族性格的这种矛盾性归结为阴阳失调，"这些深刻矛盾的根源在于，在俄罗斯的精神中，在俄罗斯的性格中，阴阳失和。"[2] 因此，对于他来说，解决这种矛盾的办法只能是"发掘出俄罗斯自身内部的（即其精神深处的）男性的、个人的和有形的因素，把握自己民族的天性，唤醒男性的、闪光的内在意识。"[3] 这一分析显然缺乏说服力，因为缺乏阳刚之气只能使阴柔之性强盛，并不会导致矛盾，何况缺乏阳刚之气本身并不能构成最终的原因，它还需要更进一步的解释与说明。民族性格的形成是一个比较复杂的过程，由多种因素所决定，其中最主要的就是文化因素。因此，任何一个民族的性格特征都必须从其文化特质方面才能得到说明。由于俄罗斯地处欧亚之间，这种地理位置上的两极性，决定了它在文化上的多元性。东西方传统文化之间的相互排斥，使得俄罗斯人在进行文化认同时必然陷入尴尬境地，这种状况很自然就表现为民族性格上的二律背反。因此，要解决俄罗斯民族性格的矛盾也必须从文化方面着手，使俄罗斯从这种尴尬的文化认同处境中摆脱出来。在这一点上，索洛维约夫的功劳在于："首先是他对教会民族主义的无情批判，是他对基督的宇宙精神发出的永恒呼吁，让基督精神摆脱民族自发势力的和自然主义天性的奴役。"[4]

## 二、斯拉夫派与西方派之争

从根本上说，斯拉夫派与西方派的形成是彼得大帝的改革在思想意识领域所导致的结果，它标志着俄罗斯民族自我意识的觉醒。然而从直接的意义上看，这两派的争论则源起于俄罗斯思想家恰达耶夫。1836 年，恰达耶夫在《Телескоп》（望远镜）第十五期上发表了《Философские письма》（哲学书简）一文，对俄罗斯落后于西方的状况感到不满，他用非常激烈的言辞批评

---

1　[俄]Вл.索洛维约夫等，《俄罗斯思想》[M]，杭州，浙江人民出版社，2000，第262页，贾泽林 李树柏译。

2　[俄]Вл.索洛维约夫等，《俄罗斯思想》[M]，杭州，浙江人民出版社，2000，第273页，贾泽林 李树柏 译。

3　[俄]Вл.索洛维约夫等，《俄罗斯思想》[M]，杭州，浙江人民出版社，2000，第274页，贾泽林 李树柏 译。

4　[俄]Вл.索洛维约夫等，《俄罗斯思想》[M]，杭州，浙江人民出版社，2000，第269页，贾泽林 李树柏 译。

俄罗斯的历史传统与现状："我们不属于西方，也不属于东方，我们既无西方的传统，也无东方的传统。我们似乎置身于时间之外，我们没有被人类的全球性教育所触及。"[5] "我们在迟钝的静止中度过的早年青春的岁月，没有在我们的心灵中留下任何痕迹，我们没有任何我们的思维得以立足其上的个性的东西；而且，奇怪的命运使我们孤立于人类全球性的进程之外，我们也没有从人类的代代相袭的思想中接受到任何东西。"[6] "我们是世界上孤立的人们，我们没有给世界以任何东西，没有教给它任何东西；我们没有给人类思想的整体带去任何一个思想，对人类理性的进步没有起过任何作用，而我们由于这种进步所获得的所有东西，都被我们所歪曲了。"[7] 他认为，俄国只有走西欧的路才有希望，因为"在欧洲，当时一直盛行着生机勃勃的统一原则。一切都来自这一原则，一切都归向这一原则。"[8] 在恰达耶夫看来，西方之所以强盛，主要原因在于它拥有基督教这一精神力量，"基督教就不仅仅是一种包含在人的智慧这一易逝形式中的精神体系，而是一种永恒的神的力量，它在精神的世界中广泛地起着作用，其醒目的显现应该成为我们常设的训诫。"[9] 恰达耶夫因此成为持"西方主义"观点的第一人。《哲学书简》发表后，引起了学术界的强烈反响，并很快形成两大阵营：一派坚决反对恰达耶夫的观点，称其为"民族虚无主义"，认为俄国的不幸不在于它似乎没有自己的历史传统，而在于这些传统被彼得大帝的改革破坏了，在于俄国走向了西化之路。尼古拉一世政府则干脆宣布恰达耶夫疯了，让医生每周去给他看病；另一派则赞同他的观点，赫尔岑称赞他的观点"如同在黑夜里响起的枪声，使人惊醒，使人的心灵长久受到深沉的影响。"通常前一派被称为"斯拉夫派"，后一派被称为"西方派"。

---

5　[俄]恰达耶夫，《俄罗斯思想文库。箴言集》[M]，昆明，云南人民出版社，1999，第 6 页，刘文飞　译。

6　[俄]恰达耶夫，《俄罗斯思想文库。箴言集》[M]，昆明，云南人民出版社，1999，第 8~9 页，刘文飞　译。

7　[俄]恰达耶夫，《俄罗斯思想文库。箴言集》[M]，昆明，云南人民出版社，1999，第 13 页，刘文飞　译。

8　[俄]恰达耶夫，《俄罗斯思想文库。箴言集》[M]，昆明，云南人民出版社，1999，第 15 页，刘文飞　译。

9　[俄]恰达耶夫，《俄罗斯思想文库。箴言集》[M]，昆明，云南人民出版社，1999，第 16 页，刘文飞　译。

斯拉夫派与西方派争论的根本问题是关于俄罗斯的命运及其在世界上的使命问题。具体表现为：如何评价彼得大帝的改革，俄罗斯是否应走西欧的道路，欧洲文化与俄罗斯文化的优劣，基督教与东正教的作用等问题。斯拉夫派对彼得大帝的改革完全持否定态度，认为：俄罗斯的不幸不在于它没有自己的历史传统，而在于这些传统被彼得大帝的改革破坏了，在于俄罗斯被引向了西方；俄罗斯民族有着不同于西欧的独特性，这种独特性主要表现在文化、宗教以及历史传统等方面。西方的思维重视范畴的分化与分析，而俄罗斯的思维则注重综合性和追求整体化。斯拉夫主义者在历史与文化中寻找已在灵魂中被发现的精神整体性，他们希望发现建立在东正教的精神基础上的独特的文化形式和社会制度；而根据 K.阿克萨科夫的看法："在西方，灵魂被扼杀了，它被完善的国家形式、警察式的公用事业所代替；良心被法律所代替；内在的动机被规程所代替；甚至慈善事业也变为机械的、不自觉的事情；在西方，都只关心国家的模式。"[10] 霍米亚科夫认为，宗教信仰是全部文明与历史道路的基础，也是哲学思想的基础。天主教奠定了唯理主义——这个西方的致命罪孽的基础，西方人正是唯理主义的控制下丧失自由的，俄罗斯则是由于摆脱了被必然性束缚的唯理主义的失误而获得自由的。在俄罗斯民族中深藏着比有着较多自由和受过较高教育的西方民族更大的精神自由，东正教深藏着比天主教更大的自由。必须说明的是，古典斯拉夫主义者并没有完全否定西方，霍米亚科夫还曾用过"神圣的神奇国家"这样的字眼描述过西欧，因此别尔嘉耶夫说他们"更像一个普遍主义者"，[11] 这与后来演变为极端民族主义者的斯拉夫主义者相区别。

与斯拉夫派强调俄国的独特性不同，西方派更注重世界历史发展的普遍规律。他们完全肯定彼得大帝的改革，恰达耶夫在《一个疯子的辩护》一文中说道："我国最伟大的沙皇（指彼得大帝 笔者注），一致被公认为为我们开辟了一个新时代，所有的人都说应把我们的强大、我们的光荣、我们现在拥有的一切财富都归功于他。150 年前，是他使我们当着全世界的面与旧俄罗斯

---

10 转引自[俄]尼·别尔嘉耶夫，《俄罗斯思想》[M]，北京，生活·读书·新知三联书店，2004，第42~43 页，雷永生、邱守娟译

11 [俄]尼·别尔嘉耶夫，《俄罗斯思想》[M]，北京，生活·读书·新知三联书店，2004，第40 页，雷永生、邱守娟译。

划清了界限。"[12] 西方派认为，俄国与西欧没有本质的不同，它的问题就在于国家落后，要改变这种状况，唯一出路在于否定自己的过去，向西方学习，走他们的道路。一些西方主义者也看到了西欧不同国家之间的民族差别，认为向西方学习必须注意到这些差别，而不能指望学习西方无差别的经验。别林斯基明确表示："以为欧洲主义是衡量一切的标准，是消除差异，使一切东西整齐划一的力量，这样看问题，是很可笑的。"[13] 他们并不认为欧洲是十全十美的，但问题在于，欧洲能够自己克服不足，"与毒药出现的同时也出现了解毒药，在社会遭到错误或不准确定位的时候，则出现了另一个更为符合时代要求的定位取代原有的定位的情形。"[14] 他们将俄国的不幸归罪于东正教的兴盛，认为东正教对俄罗斯民族和俄罗斯文化的发展起了消极作用。因此"我们首先要做的，就是用一切可能的手段来复兴我们的信仰，给自己以真正基督教的动机，因为，西方的一切都是由基督教造就的。"[15] 西方主义者也分为两个阵营，一派是比较温和的自由主义者，较多地受到德国唯心主义与浪漫主义的影响，主要关注哲学和艺术问题；另一派则是比较激进的左的社会主义者，他们比温和的自由主义者更加俄罗斯化。

尽管斯拉夫派与西方派之间存在着尖锐的对立，但正如前面所说的，他们之间仍然有共同的一面，这就是，他们都热爱自由，热爱俄罗斯，只不过斯拉夫主义者把她当作母亲，西方主义者则把她当作孩子罢了，因此，我们很难绝对地赞同哪一派。斯拉夫主义者构造的关于俄罗斯及其道路的特点的学说，显然带有幻想色彩，并且把自己的俄罗斯理想、自己关于完善制度的乌托邦和俄罗斯过去的历史混为一谈。他们不懂得彼得大帝的改革对于实现俄罗斯在世界上的使命来说是不可避免的。西方主义者则把自己关于俄罗斯美好生活制度的理想和那与理想状态绝不相似的西欧混为一谈，他们不懂得俄罗斯的特点，看不到俄罗斯的特殊性。

---

12 [俄]Вл.索洛维约夫等，《俄罗斯思想》[M]，杭州，浙江人民出版社，2000，第 5 页，贾泽林 李树柏　译。

13 [俄]Вл.索洛维约夫等，《俄罗斯思想》[M]，杭州，浙江人民出版社，2000，第 60 页，贾泽林 李树柏　译。

14 [俄]Вл.索洛维约夫等，《俄罗斯思想》[M]，杭州，浙江人民出版社，2000，第 64 页，贾泽林 李树柏　译。

15 [俄]恰达耶夫，《俄罗斯思想文库。箴言集》[M]，昆明，云南人民出版社，1999，第 18 页，刘文飞　译。

索洛维约夫的生活与创作时期正是以斯拉夫主义者与西方主义者的争论为背景的，在某种意义上可以说，索洛维约夫的理论正是以力图克服他们各自的不足为起点的。

## 三、索洛维约夫的思想渊源

索洛维约夫的哲学思想颇具独创性，为俄罗斯哲学成熟的标志。他认为"哲学认识显然是个人智慧或者具有明确无误的个体意识的个别人的行为。"[16] 他本人又极富批判精神，给人以恃才傲物、桀骜不逊的印象，因此，人们似乎觉得他的思想应该是完全靠自己的才智自主、自足地创造出来的。然而，实际情况并非如此，索洛维约夫可以说是学贯中西、知识涉猎甚广。他不仅深入钻研了欧洲哲学，而且对东方哲学也比较熟悉，尤其对东方的神秘主义哲学更是情有独钟，这些哲学思想无疑都对他产生了影响。不过，在对他的思想发生影响的过程中，这些思想所起的作用并不相同，其中有些是启发性的，有些是浅层的，有些则是非常深刻的。在这些哲学家当中，可以提到的有：柏拉图、普罗提诺、奥利金、奥古斯丁、伯麦、斯宾诺莎、莱布尼茨、黑格尔、谢林、叔本华、斯宾塞、哈特曼、基列耶夫斯基、霍米亚科夫等。

柏拉图的理念学说直接被索洛维约夫用来论证神的存在，索洛维约夫所谓的理念即是区别于现象的永恒的、不变的绝对的内容，"作为永恒的和不变的实质的理念是一切变动不居的存在物和现象的基础，它们构成绝对原则的真正内容，或者就是永恒的、不变的一切。"[17] 他认为，正是这种理念向我们昭示了神的存在，"被正确地发展了的关于理念的学说，向我们指明了神的原则的客观实质，或者指明了神的原则之存在的独特的形而上学领域，这个领域不依赖于现象自然世界，尽管与它相关。"[18] 一方面，理念构成现象世界的实体原则或产生的原因，另一方面，现象世界构成神的原则自身的内容或内在的完满。这样，索洛维约夫的理念又与柏拉图的理念相区别：后者是纯粹空洞的抽象，而前者则将丰富的内容包含于自身，构成一个理念的有机体。

---

16 [俄]Bл.索洛维约夫，《西方哲学的危机》[M]，杭州，浙江人民出版社，2000，第4页，李树柏 译。

17 [俄]Bл.索洛维约夫，《神人类讲座》[M]，北京，华夏出版社，1999，第52页，张百春 译。

18 [俄]Bл.索洛维约夫，《神人类讲座》[M]，北京，华夏出版社，1999，第56页，张百春 译。

斯宾诺莎是索洛维约夫最早接触的哲学家，他 16 岁时就阅读了斯宾诺莎的著作，并深感兴趣。斯宾诺莎的功劳在于，他力图克服笛卡尔的二元论，用实体将灵魂和肉体统一起来。他认为，灵魂只不过是肉体的观念，或是观念行为中的肉体；肉体也是如此，它是作为客体的灵魂，是具有广延性的观念。这一思想必然逻辑地导致赋予上帝存在的生动现实性，为索洛维约夫的作为"一切统一"（всеединство）[19] 的上帝的现实存在提供理论依据。

莱布尼茨的单子论也和原子论以及理念论一起被索洛维约夫用来论证他的"一切统一"思想。他将现实的存在物分为三个要素：一是原子——一些不可分割的或不可分化的个体，是存在的现实中心；二是单子——起作用的或活生生的力量；三是理念——单个力量自身的内容。认为，正是这些不可分化的个体拥有积极的力量，渴望走出自身，走向表面，才产生了它们之间的相互作用。由于存在物之间有着实质的区别，是相互独立的，因而它们之间关系的实现必须以下列条件为前提："它们相互间是直接地相互区别的，同时它们在某种共同的方面相互间又是一致或平等的，而且，若使理念之间的关系是实质性的，那么这个共同的方面自身应该是实质性的，即是独特的理念或者是基本的存在物。"[20] 这样一来，理念之间的关系就类似于概念之间的形式逻辑关系，如果一些存在物的理念相对于同一个存在物的理念如同概念的种和类一样，则后一个存在物就涵盖了前面这些存在物，把它们包含在自身之中，前面这些存在物之间则既相互区别又相互平等，它们以后者为自己的共同的中心。依次类推，最后必定能够达到最普遍的和最广泛的理念，即绝对的善的理念或者说爱的理念。而在索洛维约夫看来："绝对的爱就是理想的一切，是完整性，这就是绝对原则自己的内容。"[21]

谢林的哲学思想在索洛维约夫的思想形成过程中起了关键性的作用，特别是他后期的所谓实证哲学。索洛维约夫在他的《抽象原理批判》一书中引用了晚期谢林的很多论据来反对"否定哲学"。谢林并不否认否定哲学的意义，但同时指出了它的局限，认为有必要用依靠宗教启示支撑的实证哲学来对它

---

19 该词在国内有两种译法，一为"一切统一"，一为"万物统一"，以前者为多。

20 [俄]Вл.索洛维约夫，《神人类讲座》[M]，北京，华夏出版社，1999，第 54 页，张百春 译。

21 [俄]Вл.索洛维约夫，《神人类讲座》[M]，北京，华夏出版社，1999，第 55 页，张百春 译。

进行补充。谢林在《神话哲学》与《启示哲学》两本著作中完成了这一任务，这两本著作给了索洛维约夫特别的影响。索洛维约夫的自由神智学或者说完整知识，就是依靠谢林的实证哲学才得以建立的。索洛维约夫学说的一系列原理都应主要归功于谢林。正是由谢林那里索洛维约夫接受了以下观念：第一，他的学说的核心概念———一切统一（всеединство）；第二，索洛维约夫关于意志是存在的决定原则的观点也来源于谢林；第三，索洛维约夫的天体演化概念的形成也不无谢林的影响，他的关于由上帝分离出它的另一个最初形态的学说就是建立在该概念基础上的。最后还有索洛维约夫关于有缺陷的和正在发展中的上帝的观念也来源于谢林。

索洛维约夫对待黑格尔的态度不是单一的，一方面，他相当严肃地拒绝了黑格尔的抽象理性主义，另一方面，他又受到后者辩证法的影响。黑格尔的辩证法对索洛维约夫的影响相当深刻，我们在索洛维约夫的著作中处处可见三段式的命题。索洛维约夫认为，这种辩证法从该概念本身逻辑地引申出独立自在的存在物的一切本质规定，所以是一种科学的方法，并称辩证法为"有机逻辑的方法"。可以说，索洛维约夫在这一点上基本上是照搬黑格尔的，没有什么新意，且有公式化之嫌。

作为一个俄国哲学家，一生又主要生活与工作在自己的祖国，其思想不可能不受到本国理论先驱的影响。在给索洛维约夫思想以影响的俄罗斯思想家中，最值得一提的应该是阿．霍米亚科夫与依．基列耶夫斯基。

霍米亚科夫是斯拉夫主义学说的创始人之一。他提出了用"有机观点"看待社会发展的思想，对自由有着特殊的热爱，并且将自由和有机性联系在一起。他认为，信仰是历史的主导性的起因，宗教信仰是全部文明的基础，俄罗斯和西欧的区别就是由此决定的，因为俄罗斯的本原是东正教信仰，西欧的本原是天主教信仰。这些思想特别是"有机论"，我们在索洛维约夫的著作如《神人类讲座》或《完整知识的哲学本原》中可以经常见到，所不同的是，索洛维约夫将"有机"概念的使用范围扩大了，不仅指人的世界，而且还指神的世界。

索洛维约夫从基列耶夫斯基那里主要接受了"整体性"的观念，并且将它运用于对知识的理解，形成了"完整知识"的思想。基列耶夫斯基认为，俄罗斯思想在把信仰与理性结合起来，克服它们之间的鸿沟之后，就可以创造出一种"精神整体性"，这种"精神整体性"构成了"存在整体性"的基础。

索洛维约夫的"完整知识"只是将理性与信仰的结合具体化为哲学、科学与宗教的结合。

# 第二节　漂泊不定的学术生涯

## 一、出身名门

　　索洛维约夫于 1853 年 1 月 16 日出身于莫斯科一位著名历史学家、莫斯科大学教授谢尔盖·米哈依洛维奇·索洛维约夫之家，他的祖父是个神职人员，因此，按照父亲的家族，索洛维约夫出身于僧侣阶层。他的母亲出身于一个古老的乌克兰家族，根据索洛维约夫在自传里所说，被称为"乌克兰的苏格拉底"——他母亲的外曾祖父格里高里．萨维奇．斯卡沃罗达就属于这个家族。索洛维约夫的家庭是一个大家庭，共有 9 个孩子，带有严格的宗教组织结构。他的哥哥是当时有名的历史小说家，妹妹是诗人。

　　索洛维约夫 11 岁上中学，1869 年中学毕业后，他进入莫斯科大学自然科学系学习，但由于对此不感兴趣，3 年后转入历史——语文系，1873 年毕业，然后又在莫斯科神学院学习一年。索洛维约夫在中学时就经历了宗教危机，他也像许多他的同龄人一样成了唯物论者与无神论者。但是，比较深入地研究哲学使他克服了年轻人的虚无主义，并且自觉回归对神的信仰。他首先阅读的是斯宾诺莎的著作，他因此称斯宾诺莎是他"在哲学上的初恋"，后来又阅读了叔本华、哈特曼、谢林以及黑格尔等人的著作。

　　1874 年索洛维约夫在彼得堡通过了硕士论文《西方哲学的危机：反对实证主义者》的答辩，被选为莫斯科大学哲学教研室的副教授。1875 年夏天，索洛维约夫因为学术目的去了伦敦，在那里主要研究神秘主义与诺斯替教的文献，并迷上了通灵术和招魂术。正是在这一时期，他首次提出了注定成为他创作中的关键作品之一的索菲亚学说。1875 年冬季索洛维约夫突然离开伦敦前往埃及，在那里待了几个月。后来他解释这次埃及之行是受了索菲亚的神秘召唤。因此，人们认为他由于具有诗人敏感的性格而拥有降神的能力，这一能力又由于他阅读了神智学者的著作而增强。关于自己的索菲亚或者说永恒的女性幻觉，索洛维约夫在临死前不久写成的诗作《三次会见》中有所描述。

1876 年回到俄罗斯后，索洛维约夫又重新在莫斯科大学讲课，在这期间，他为莫斯科大学学生先后讲授了"形而上学和实证科学"、"逻辑学"、"古代哲学史"等课程。1877 年他又由于教授之间的争论离开了莫斯科大学去了彼得堡，在那里的人民教育部的学术委员会任职，同时还在彼得堡大学和高级妇女课程班兼课。也就是在同年，索洛维约夫出版了他的第一本系统的著作《完整知识的哲学原理》(未完成的)。1878 年他开设了一系列公开的讲座，即《神人类讲座》，吸引了很多听众，其中包括陀思妥耶夫斯基和托尔斯泰，产生了较大的社会反响。在这之前，索洛维约夫就形成了宗教哲学的概念，其核心即是与索菲亚题材密切联系的"肯定的一切统一"思想。

1881 年 3 月 1 日沙皇亚历山大二世被民意党人杀害，3 月 28 日索洛维约夫举办了一场关于死刑与基督教的道德不相容的公开讲座。他在谴责凶手的同时，呼吁新沙皇不要判他死刑，索洛维约夫因此与政府之间的关系变得恶劣。他因此离开了人民教育部，并被劝告放弃教学和公开演讲。于是，索洛维约夫人生中一个新的时期——时评工作时期开始了。

80~90 年代初，索洛维约夫的注意力主要放在社会政治和教会——宗教生活上面。哲学家的杰出的文学才能、辩论气质与道德热情化成了杂志上一篇篇关于俄罗斯公民的精神生活状况的演说。这一时期最重要的作品有：《生命的精神基础》(1882~1884)，《大争论与基督教政治》(1883)，《神权政治的历史与未来》(1886)，《纪念陀思妥耶夫斯基的三次讲话》(1881~1883)，《俄罗斯与普世教会》(俄文版 1913)。他还写了一系列关于民族问题的文章，它们和斯拉夫主义与西方主义问题密切相关，后来被收集在《俄罗斯的民族问题》(1883~1888 年的文章被收入第一卷，1888~1891 年的文章被收入第二卷)一书中。贯穿这一时期索洛维约夫创作的基本思想，是他的神权政治的乌托邦与对两种可能性的信念：即东正教会与天主教会在罗马的庇护下联合的可能性和在俄罗斯沙皇的影响下各基督教民族的政治联合的可能性。1886 年索洛维约夫来到了萨格勒布，在那里会见了天主教主教斯特劳斯马耶罗(Штроссмайер)之后，他对天主教的好感有所增强。

被禁止从事教学活动后，索洛维约夫的生活费用全靠文学作品提供。1891 年由于被邀请主持 Брокгауз 和 Ефрон 大百科辞典哲学卷的编写工作，他又回到哲学研究上来，这使他获得了生活来源，摆脱了靠文学作品维持生活的必要。他为大百科辞典撰写了 130 多条哲学基本概念和历史——哲学题材的条目。90 年代索洛维约夫写作了一系列哲学著作,如:《爱的意义》(1892~1894),对他在索菲亚问题上的思考进行了总结;《善的证明》(1895);《理论哲学的第一原理》(1897~1899),对认识论提出了新的理解;最后,还有他的著名的末世论研究著作——《三次谈话》(1899~1900),在该文中,索洛维约夫试图解决恶的问题,并且因这个问题放弃了自己关于未来全世界的神权政治的可贵愿望。

1900 年 7 月他来到莫斯科,住在莫斯科近郊他的朋友特鲁别茨科伊公爵的庄园里,7 月 31 日他突然生病并很快与世长辞。

## 二、哲学天才

称索洛维约夫为"哲学天才"并不是对他毫无根据的夸奖,而是基于以下两方面的事实:一是他在大学毕业不久,以 21 岁的年龄基本靠自学完成了哲学硕士论文,并顺利通过了答辩;二是他根本没有接受过系统的哲学训练(这可以从上述他的学历上得到证明),完全靠自己对哲学的超强领悟力与不懈的努力,最终成为俄罗斯哲学的奠基人;

索洛维约夫 21 岁时顺利通过了硕士论文答辩。他的硕士论文名为《西方哲学的危机》,这部著作充分显示了这位年仅 21 岁的年轻人深厚的哲学史功底与过人的哲学天赋。他在书中考察了西方哲学从经院哲学到现代的发展过程,指出了西方哲学的危机所在及其根源。认为西方哲学的危机在于它的抽象性,即都否认认识客体与认识主体的存在,把它们溶解于脱离了具体对象性的认识方式——逻辑概念或感觉状态之中,索洛维约夫称这样的哲学理论为"抽象的形式主义"。而导致西方哲学这一缺陷的原因则在于它固有的知性思维方法,习惯于这种思维方法的人在认识事物时总是将它们首先分解为感性因素与理性因素,然后再分别将其实在化,使之变成独立的现实存在。这种将本来相互结合在一起构成整体的因素分解开来,使之独立化、实在化的做法就是使之抽象化的过程。在近代西方哲学中,无论是唯理论还是经验论,都存在这样的问题。在前者中占首位的是逻辑概念,而在后者中占首位的是感觉,前者无法达到个别现实,后者则无法达到普遍认识。叔本华和哈特曼分别将意志与无意识作为世界的本原,取代先前西方哲学的抽象本质,实现了伦理学与形而上学的结合,在认识论上能够接近于对真正实在的认知,但也只是部分地克服了西方哲学上述片面性。尽管该书的确存在着像某些评论所指出的研究与叙述的公式化问题，但是我们不可否认，作者对西方哲学的整体把握与对其不足的揭露远远超过他这样年龄的人所应该具有的水平。大概也正是因为这一点，该书一发表就引起了强烈的社会反响。

我们从上述关于索洛维约夫的学历介绍中可以看出，他在大学开始读的是自然科学系，后来又转到历史——语文系，与哲学基本无涉，后来在神学院一年的学习中，勉强可以说与哲学相关。因此，他的深厚的哲学修养与丰富的哲学知识主要是靠自己的天赋自学造就的。作为俄罗斯哲学的奠基人，他不能满足于对西方哲学的了解与把握，而且还要为俄罗斯哲学的形成与发展奠定基础与确定方向，这就需要一种过人的创造力与对本民族已有的思想资源的整合能力。事实证明，索洛维约夫具有这样的能力，别尔嘉耶夫这样说道："Вл.索洛维约夫像任何一个有影响的哲学家一样，有自己最初的直觉。这就是对完全统一的直觉。他有一种对于全世界统一，对于神圣宇宙的整体视觉，在这种视觉中没有部分和整体的区分，没有敌对和纷争，没有任何抽象的、自己确定的东西。这是美的视觉。这是理智和爱情的直觉。这是对改变世界和对天国的追求。"[22]正是凭借着自己的这种能力与不懈的努力，他才能最终实现他的同时也是整个俄罗斯民族的拥有自己的哲学的愿望，才使得俄罗斯哲学在世界哲学舞台上占有一席之地。

## 三、特立独行的为人处世

作为一个天才，也许本来就难以为普通人所理解，也许他觉得应该与普通人有所区别，索洛维约夫的为人处世总是显得特立独行，与众不同，甚至透着难以为人理解的成分。他为人诚实，任何内心活动都会非常明显地反映在脸上。尽管他平常很和蔼，但当他发怒时就会变得非常可怕。笑的时候，他那响亮的、富有感染力的、出人意料的、拖着长而高的音调的笑声盖过所有的声音。这种笑声很像儿童的笑声，它出自成人之口，乍一听总显得有点不自然，因此容易引起别人的注意。原来在别人那里只能引起微笑的滑稽事情，在他那里却能引起夸张的反应，这表明，他具有比其他人对滑稽更强的敏感性。他的愉快的情绪有时会突然被无尽的忧愁所代替，不少与他比较熟悉的人都曾看到他无缘无故落泪。据他的好朋友特鲁别茨科伊回忆，一次索

---

22 [俄]尼·别尔嘉耶夫，《俄罗斯思想》[M]，北京，生活·读书·新知三联书店，2004，第166页，雷永生、邱守娟译。

洛维约夫请几个朋友吃晚饭，突然，他泪如泉涌，朋友们马上明白，他需要一个人独处，急忙离开了。人们经常看到索洛维约夫寂寞地、忧愁地沉默着，他的寂寞全部表现在脸上，毫无隐藏，他有时甚至可以沉默几个小时。他的这种沉默好象完全不存在一样，有时会给周围的人以压抑的印象。这种对大家谈话的漠不关心会让一些人觉得是一种蔑视，而另一些人则会觉得是处在另外一个世界的人群当中。

索洛维约夫古怪的外表与行为举止使很多人感到难堪并反感，因此，经常会听到有人说他是好扭捏作态的人。其实，那些很少了解索洛维约夫的人，总是倾向于用他的姿态来解释所有他们不明白的事情，认为那些他们不理解或特别的事情对他们是一种侮辱。实际上，那些奇怪的、令人惊奇的现象不仅不是扭捏作态，而且是完全自然的，甚至是内心情绪的天真表现。

他经常同另一个世界打交道，对周围的庸俗尘世有一种独特的感受，这种庸俗尘世像恶梦一样压迫着他，他曾写诗表达过这种感受。较之充满他内心的幽冥界，我们微不足道的现实在他那里只能引起或者寂寞、或者忧愁、甚至是近于绝望的情绪，对于这种情绪他只好用笑声来解脱。索洛维约夫的所有这些内心生活的外部表现之所以显得不正常与夸张，是因为它们实际上被表现出来的程度远远超过通常的水平。

索洛维约夫非常天真，有点像柏拉图。他弄不明白尘世上的很多事情，甚至不会管理自己的钱财。在他的生活中，我们可以找到许多这种类似柏拉图性格的实例。例如，他高度评价地方自治会工作的意义，但同时在他那里关于地方自治会的概念又是令人吃惊地混乱，他居然不知道旁人可以作为听众参加地方自治会议。

索洛维约夫的诚实与天真使他很容易受别人的欺骗。他视钱财如草芥，对人慷慨大方。他的文学作品给他带来了丰厚的报酬，可他却总是花得一文不剩，有时甚至连外套都没有。这不仅是由于他的儿童般的善良，而且是由于他缺乏爱惜与计算钱的能力。当有人向他借钱时，他掏出钱包连看也不看一眼抓一把就给，不管他是谁。他没钱时，会脱下自己的外套卖掉。据特鲁别茨科伊说，有一年深秋在莫斯科，他碰到由于寒冷而发抖的索洛维约夫，那时他只穿着薄薄的一套羊驼绒西服，外加一件薄薄的风衣。原来在这之前，他将自己的呢制服装与所有暖和的衣服都给了一个乞丐，他算计着在入冬之前，能够为自己挣得一件毛皮大衣。有一年夏天，索洛维约夫想过得节省一点，他住在农民的小木屋里，但住在农村对他来说并不便宜，因为他给钱农民去买母牛，后来才知道，这个农民是村庄里富人之一，差不多是富农。由于知道索洛维约夫非常慷慨，有时车夫们围满了他住所的大门，几个小时地等着他从里面出来。但徒步散步对他来说更贵，因为他会成把地给乞丐钱。他的朋友 В.Л.Величко 就曾见过他在散步时将自己所有的钱连钱包一起，再加上手帕、旧皮靴都给了乞丐，结果他只能光着脚，因为新靴子不合脚的尺寸，而附近又买不到。如果不是这位朋友的帮助，他连午饭都没法吃。

索洛维约夫从不停止他的思考与想象工作，他不习惯将笔拿在手上思考，他拿起笔只是为了记下早已成熟并最终出现在大脑中的作品。他的创作过程或者发生在散步中，或者发生在与朋友的讨论中，或者发生在失眠时。甚至在梦里也不停止他的创作，他有时是带着诗醒来的。因此，对他来说，实际上不存在休息，在梦里也如此。索洛维约夫认为，梦是通往另一个世界的窗口。在梦里他经常与已故的人交谈，看到一些奇怪的东西。他相信与已故的人之间联系的真实性。在他身上，宗教的与哲学的理想内在地要求结合在一起，他相信在梦中接受启示的真实性，更重要的是他梦境中的预言经常应验。

他的亲属的幽灵不止一次地探望过他。那些可怕的幻觉不只是出现在他的梦中，而且也出现在现实中。很多人都说他看见过魔鬼，并同它争论。据特鲁别茨科伊说，有一次他也在场，索洛维约夫无疑看到了什么，大家晚饭后正在餐厅里热闹地交谈着，突然他的脸色发白，停滞的目光中带着可怕的表情，非常紧张地看着一个地方，连特鲁别茨科伊也感到害怕。一位实证主义者、怀疑论者和无神论者，医学教授维里亚米诺夫也讲述了自己和索洛维约夫及其友人的一次终生难忘的晚间聚会。当时索洛维约夫谈到了魔鬼，谈得十分生动，富有感染力，使他感到奇怪地紧张。突然，从坚实的地板里冒出一个黑而浓密的烟柱，直上天花板。"看，看啊！"索洛维约夫用手指着高喊道。他神情痛苦，其他人也十分惊愕。

关于索洛维约夫的异常的行为举止与能力，在这里不可能全部展示，以上所谈到的足够让人窥一斑而见全豹了。不要以为他的这种性格与他的身份不相称，将它看作有损于索洛维约夫形象的因素，恰恰相反，他的这种性格与超能力在某种意义上构成了索洛维约夫创造的源泉与动力，比如他的索菲亚学说的形成就与这种超能力有关。没有这些独特的气质与禀赋，也就不可能成就大家眼中的索洛维约夫。

## 四、行踪不定的漂泊生涯

索洛维约夫一生没有结婚，也没有固定的居所，不是住旅馆，就是住朋友家，行踪不定，来去自由。这也构成了他区别于其他哲学家的一大特色，尤其与康德形成了鲜明的对比，后者除了没有结婚与索洛维约夫相同之外，正好与他相反，一生都没有踏出他的出生地——哥尼斯堡一步。对他们的这种区别的合理解释是，他们的哲学研究的目的不同，要解决的问题不一样。索洛维约夫要解决的是俄罗斯民族的前途与命运的现实问题，而康德要解决的则是比较纯粹的理论问题。正是这种不同的理论研究的目的决定了他们不同的生存方式。

准确地说，80 年代以前，由于索洛维约夫在大学或政府机构里有固定的职业，因而他的生活基本上还是稳定的，最多也只是出于学术上的需要，偶尔外出做短期旅行，如到伦敦与埃及就是如此。这种生活由于 1881 年发生的一件事彻底改变了，这一年的 3 月 1 日沙皇亚历山大二世被民意党人杀害了，3 月 28 日索洛维约夫举行了一场讲座，认为死刑与基督教的道德不相容，在谴责了杀人凶手的同时，呼吁新沙皇不要判他死刑，这使得他与政府之间的关系变得恶劣起来，他因此被禁止在大学讲课与举行公开讲座。从此他的生活发生了转折，开始了流浪生涯。这一由现实问题引起的变故，非但没有使他对现实问题退避三舍，反而使他更加关心起现实问题了，由此造成了整个 80 年代对社会政治、民族问题以及宗教生活的关注，在此期间他写了一系列时评与政论作品。

索洛维约夫关心俄罗斯的现实与未来，却使自己遇到了非常严峻的现实问题，这就是生计问题。由于失去了稳定的职业，索洛维约夫的生活来源成了问题，他的主要经济收入只有稿费，加之他为人又慷慨大方，因此，常常生活难以为继，有时靠朋友帮助才能度过难关。生计的压力迫使他不得不到处漂泊，在这一过程中，他饱受了世态炎凉，人情冷暖。原本交情甚笃的朋友，在知道他的处境之后，都纷纷冷眼相对。当然，他也因此更加深刻全面地了解了俄罗斯社会，否则，要写出那些时评与政论文章是不可能的。

迫使索洛维约夫漂泊的另外一个原因是他的作品的出版问题。当时俄罗斯实行严格的书报检查制度，这使得索洛维约夫的一些著作无法在国内出版。如，他的《俄罗斯与普世教会》一书就是几经周折才于 1889 年在巴黎用法文出版的。另外，他的一些言论使人误认为他背叛了东正教，是异教徒，这也使他的一些著作在国内的出版遇到阻力。

当然，索洛维约夫的流浪漂泊，根本原因还在于自身，他天生就不是普通的人，不屑于过普通人的生活，不愿意追求物质享受，否则凭借他自身的条件是不难实现目的的。他的漂泊生涯，表面上看是被迫的，实质上则是他自愿选择的结果。所以，别尔嘉耶夫才这样说："他是以空气为基原的人，而不是以土地为基原的人，他是在这个世界上行踪无定的人，而不是定居的人。"[23]

# 第三节　俄罗斯新宗教哲学的奠基者

## 一、对传统宗教的批判

首先应该说明的是，索洛维约夫对传统宗教的批判不是就其本身而言的，而是就其表现而言的，即他批判的是传统宗教在自己迄今为止的历史发展中所表现出来的种种违背自己的教义与原则的理论与行为，或者说是人们对它的种种误解与错误的态度，而不是宗教教义、目的本身。

索洛维约夫给宗教下的定义是："一般地和抽象地说，宗教是人和世界同绝对原则和一切存在着的事物的中心之间的一种联系。"[24] 按照这样的理解，宗教在人们的生活中具有非同寻常的意义与作用。它是人类生活的根基，是人们联合的开端，是人与上帝之间的纽带。只有信奉宗教，人类才能得救。索洛维约夫说："宗教事业能使我们的生命再生和神圣化，它将我们的生命与上帝的生命联系在一起。"[25] 然而，在他看来，宗教在现代的境遇完全不是这样，"现代宗教成了一种十分可怜的东西，实际上作为具有统治意义的原则，作为精神吸引的中心的宗教是完全没有；取而代之的是所谓的宗教性，宗教性是个人的一种情感和爱好，有的人有这种爱好，有的人则没有，这正如有人喜欢音乐，有人则不喜欢音乐一样。"[26] 宗教成了一种可有可无的、人类精神的点缀品。它再也不是我们生活和意识的中心，而是被边缘化了。这样所

23 [俄]尼·别尔嘉耶夫，《俄罗斯思想》[M]，北京，生活·读书·新知三联书店，2004，第166页，雷永生、邱守娟译

24 [俄]Вл.索洛维约夫，《神人类讲座》[M]，北京，华夏出版社，1999，第1页，张百春译。

25 [俄]Соловьев В.С.，《Владимир Соловьев избранные произведения》[M]，Ростов-на-Дону：《Феникс》，1998.c.122.

26 [俄]Вл.索洛维约夫，《神人类讲座》[M]，北京，华夏出版社，1999，第2页，张百春译。

导致的必然结果就是社会与个人的理性与道德上的分裂与无原则。于是，在人们的生活和意识中出现了众多的相对的、暂时的中心，非宗教学说纷纷出现，企图代替中心的位置。人们渴望在宗教之外为生命和意识寻找支撑。他说："渴望在绝对的宗教领域之外建立人类，渴望在暂时的、有限的需求领域肯定自己和建设自己，这个渴望就是整个当代文明的特征。"[27] 索洛维约夫举出了社会主义与实证主义作为这方面最突出的代表。前者属于社会生活的实践利益领域，后者属于科学知识的理论领域。社会主义企图在社会中实现物质福利的平等这一真理，然而要实现这一目的，它只能要么直接将物质福利作为目的本身，要么将分配这个福利上的公正性作为目的。前者由于对物质福利的渴望是人的本质中的自然事实而变得没有任何道德意义；后者则又会由于道德意义上的公正是一种自我牺牲、自我否定而与它的初衷背道而驰。可见，无论哪种选择都达不到目的。在知识领域，实证主义也会导致同样的结果。因为理性只是认识的手段、工具，而不是认识的内容。理性提供理想的形式，理性内容或理性认识的内容是现实。同时又由于超自然的、形而上学的现实被理智的启蒙主义否定了，只剩下一个有条件的、给定的自然现象的现实，因此，对于实证主义者来说，真理就只能是给定的事实，即正在实现的或存在着的东西。然而，个别的事实、个别的现象自身在自己的独立性中并不能代表真理，只有在它与一切或一切的现实之间处于正常的关系之下，处于与它的逻辑联系或一致的前提下，才能被认为是真的，因而实证主义的目的也注定是不可能实现的。索洛维约夫最后的结论是"因此，如果彻底地发展自己的原则，那么，社会主义和实证主义都会产生对生活和知识中的宗教原则的要求。"[28]

　　索洛维约夫重点指证了作为宗教发展最高阶段的基督教在历史上特别是在现代所发生的种种扭曲与变性，并认为正是由于这个原因，传统基督教已不可能完成它的历史使命。归纳起来，主要有以下几点：

　　第一，是在东西方两种文化背景下分别形成的对基督教的不同理解。索洛维约夫认为，从人类历史的开端就存在着东西方两种文化的对立，主要表

---

27 [俄]Вл.索洛维约夫，《神人类讲座》[M]，北京，华夏出版社，1999，第3页，张
　　百春 译。

28 [俄]Вл.索洛维约夫，《神人类讲座》[M]，北京，华夏出版社，1999，第9~10页，
　　张百春 译。

现为两者的基础不同，其中东方文化的基础是人服从于全部超人力量，而西方文化的基础则是人的自主性。这种对立表现在对待基督教的态度上就是西方因相信和崇拜人的因素而将人神化，东方则因相信完善的神而把神或者理解为完善的无限性（印度），或者理解为完善的光和善（伊朗），或者理解为完善的生命（埃及）。

第二，索洛维约夫认为，正如基督教道德的目标是实现个人内心的天国一样，基督教政治应当为由各民族和国家组成的全人类准备天国的到来。然而，历史上的基督教政治从来都是与这一目标不相干的，甚至是直接矛盾的。每一个民族都把自己的政治目的看作是维护民族或国家的特殊利益，用民族利益取代全人类利益，用所谓的民族性取代全人类性。这样得到的结果就是在基督教民族的政治中，至今都充满了无神的敌对和纷争，已经没人再想天国之事了。

第三，由于东西方文化背景的不同，因而虽然东方和西方都在基督教中找到了最高真理，但在它们将此真理完全贯彻于自身和它们在新人类——普世教会中再生之前，它们都暂时地给基督教本身印上了自己的片面性的痕迹。这必然导致东西方民族在对教会本身的理解中发生分裂。双方不是在对方中寻求对自己片面性的补充，而是每一方都只寻求自己的东西，把自己的片面理解当作唯一正确的和绝对必要的。正是这种观点上的纷争最终导致了实践上的分裂。

在索洛维约夫看来，基督教世界的这种不幸状况只有一个原因和一条出路。原因即在于历史上的基督教运动都是为了这样或那样的权利而进行的，它们所维护的是中央精神政权的权利，地方教会的权利，世俗政权的权利，个人意见和理性的权利。这种首先想到自己的权利的道德情绪与基督教精神是相矛盾的。所以，"只有当人类的全部自由力量放弃自己的有争议的权利，而履行自己的无争议的义务，自愿地、出自良心地去从事中世纪教皇主义曾力图通过强制和暴力途径而完成的全部事业——只有当这个时候，真正的基督教生活才将开始。"[29] 这里我们不难看出索洛维约夫的空想与软弱成分。

---

29 [俄]В.Л.索洛维约夫，《俄罗斯与欧洲》[M]，石家庄，河北教育出版社，2002，第84页，徐凤林 译。

## 二、对西方哲学的批判

索洛维约夫深知，要建构俄罗斯自己的哲学，确立其在世界哲学舞台上的历史地位，首先必须做到对发展至今的哲学本身的深刻了解，弄清哲学本身的问题与不足，这样才能使自己民族的哲学从一开始就克服哲学原有的缺陷，立足在一个比较高的起点上，使自己今后的发展处于有利地位，对西方哲学的批判应该说就出于这样的考虑。

索洛维约夫认为，哲学与语言、宗教、艺术不同，后者所反映的是群体的世界观或审美观，在它们中，个人的作用是微不足道的；而"哲学认识显然是个人智慧或者具有明确无误的个体意识的个别人的行为。"[30] 因此，就世界观意义来讲，哲学是个别人的世界观。它产生于个人思维与信仰之间的分裂。当所有个人都在过一个民族共同的精神生活时，哲学就不可能存在，因为这时人的智力活动完全取决于民族信仰。只有当民族的信仰不再是个别人的信仰，个别人将自己的思维与一般信仰区分开来，并使之与作为外在事物的这种信仰对立起来时，哲学才会产生。按照这一对哲学的看法，索洛维约夫将西方哲学的起源确定为中世纪的经院哲学，因为经院哲学正是作为智力的个人思维与作为权威的全民信仰之间分裂的起点。

由于索洛维约夫在这里实际上是将个人理智或思维等同于理性的，因此，他关于哲学起源的观点也可以解释为：哲学起源于理性的觉醒。通过考察西方哲学的发展过程，他发现，理性自从它觉醒之后，就总是力求摆脱其他事物对它的限制，寻求自己的独立地位，由此造成了西方哲学史上的多次分裂。在中世纪是理性与信仰之间的分裂，在近代则是理性与自然之间的分裂。可以说，整个哲学史就是由这种分裂与种种弥合分裂的企图与努力构成。然而遗憾的是，到黑格尔为止的所有哲学家似乎都非但没有解决这一问题，反而使它愈演愈烈，以至在黑格尔的哲学体系中，理性以其绝对的姿态取得了完全的独立性。这表明西方哲学已陷入了深刻的危机，走进了死胡同。"纯理论性抽象认识意义上的哲学，已经终止其发展，并且永不复返地转入过去的世界。"[31]

---

30 [俄]Вл.索洛维约夫，《西方哲学的危机》[M]，杭州，浙江人民出版社，2000，第4页，李树柏 译。

31 [俄]Вл.索洛维约夫，《西方哲学的危机》[M]，杭州，浙江人民出版社，2000，第3页，李树柏 译。

　　黑格尔以后的实证主义就是以反传统哲学的面貌出现的，因此，索洛维约夫重点考察了实证主义对传统西方哲学的态度。他在肯定实证主义对传统哲学所持的批判态度的同时，强调了自己与它们的区别：第一，实证主义完全否定传统的抽象哲学，而他则承认它取得了某些积极成果；第二，实证主义因旧的形而上学软弱无力，从而武断地认为许多形而上学问题本身也是站不住脚的，因此应当将它们完全弃之不顾。而他则认为它们的看法毫无根据，西方哲学发展中存在的片面的、不能令人满意地解决的问题，在不久的将来能得到充分的和全面的回答；第三，实证主义一般否认现实的或真正的存在物的可知性，最多只承认它有某种可知性。索洛维约夫则认为真正的或绝对的存在物在内在经验中可以被认识。

　　实证主义虽然公正地指出了西方哲学的形式主义缺点，即经常把一般逻辑概念特殊化和实在化，但它把西方哲学的这一缺点与思辨思维的真正任务及本质混为一谈，将真正的宗教和哲学形而上学与对宗教和形而上学概念的某种外在的和确实错误的应用混为一谈，进而彻底否定宗教与形而上学，则是索洛维约夫不能接受的。他认为，这种混淆的根源在于实证主义特有的真正本性，即它对宗教和哲学形而上学的真正内容的无知。他说："实证主义之所以否定宗教和形而上学哲学，唯一的原因就是，它根本不理解它们的内容。"[32] 因此，实证主义也是站不住脚的，它想充当普遍世界观的野心，完全是无稽之谈。

　　叔本华将意志和由此产生的伦理学与形而上学结合起来，实现了一次整个西方哲学进程中的变革，部分地克服了西方哲学的抽象理性。但由于在叔本华那里，一般的意志没有任何向往的对象，而没有目的、没有表象的意志显然只能是个空洞的辞藻，没有任何实际意义。况且在叔本华的哲学中，还存在着不可克服的矛盾：一是他在说明智力起源时必然要碰到一般意志与个人意志的矛盾；二是他在断言意志本身是痛苦时，必然要碰到一般意志本身的无痛苦与有限主体的痛苦之间的矛盾。哈特曼极力扬弃叔本华哲学的矛盾与片面性，但其方法并不正确。他在保留叔本华的特殊本原的同时，提出另一个叔本华未曾得出的原则——观念或表象，这等于是给一个被实在化了的抽象物再加上另一个抽象物。并且在哈特曼那里，独立自在的意志没有任何

---

32 [俄]Вл.索洛维约夫，《西方哲学的危机》[M]，杭州，浙江人民出版社，2000，第150页，李树柏　译。

对象，独立自在的观念没有任何内容，它们只不过是意志和表象的可能性。索洛维约夫认为，按照哈特曼的观点，必然将纯粹的非存在想象成存在着的和起作用的，这是荒谬绝伦的。

由上所述，我们不难看到，无论是实证主义，还是叔本华与哈特曼，都没有最终解决西方哲学的危机，原因何在？索洛维约夫认为，这主要是因为，他们在思维方法上仍然秉承了西方哲学的一个致命特征，那就是习惯于知性思维。这种知性认识将直接的和具体的观点分解为它的感性因素和逻辑因素，分别使之抽象化，成为抽象的东西，然后，知性认识为了保持自身，又赋予其成果以充分的现实性，即使它们获得按其特点来说本不该有的现实存在——实在化。正是这种知性思维在西方哲学中占据优势，其他一切思想流派只是对占统治地位的流派的反对或抗议，因此它们本身都有这种片面局限性的特点，都带有与之分离的土壤的明显痕迹。因此，要真正解决西方哲学的危机，就必须彻底抛弃这种知性思维方法。从这种意义上，可以说索洛维约夫所提出的哲学思维方法——一切统一，是一种有机思维方法。

## 三、索洛维约夫在俄罗斯哲学史上的地位与作用

在 19 世纪之前，哲学对于俄罗斯民族来说，一直是个不太亲切的概念，因为他们对这一概念的了解一般都是通过别的民族其中最主要的是西方民族获得的，哲学并不属于他们。他们对此也一直耿耿于怀，总觉得这与俄罗斯民族的身份不相称。当然也有人对此不以为然，认为这是对俄罗斯的误解，尼.洛斯基在他的《俄国哲学史》一书中就表达了这样的看法，他在书的开头列举了俄罗斯文化的巨大成就之后说："如果说如此高度发展的文化在哲学领域中竟没有产生出任何独到的东西，那将是不可思议的。"[33] 不管怎样，有一点是无疑的，那就是 19 世纪之前，俄罗斯哲学在世界哲学舞台上从未扮演过重要角色，从未引起过别人的注意。这种状况由于索洛维约夫的出现才最终得到改变。索洛维约夫在俄罗斯哲学史上的地位与作用用一句话概括就是，他确定了俄罗斯宗教哲学的特征与发展方向。

19 世纪可以说是俄罗斯哲学刚刚起步阶段，出现了一批富有俄罗斯精神的哲学流派，其先行者就是斯拉夫派。但由于早期斯拉夫主义者主要是从东

---

33 [俄]H.O.洛斯基，《俄国哲学史》[M]，杭州，浙江人民出版社，1999，第 1 页，
   贾泽林等 译。

西方文化的差异角度出发，强调俄罗斯文化的独特性，意在为俄罗斯文化的合理性与优越性辩护，虽然涉及到哲学问题，毕竟不是专门针对哲学的，因而在哲学上只是浅论则止，未及深究，这也是早期斯拉夫派的代表霍米亚科夫与基列耶夫斯基为什么没有出版专门的哲学著作的原因。索洛维约夫也许意识到哲学与宗教作为文化的核心要素对于文化的重要性，也许出于自己的哲学天赋与兴趣，一开始就直奔哲学与宗教两门学科。他继承早期斯拉夫主义者的思想，从批判西方哲学与改造基督教入手，以"一切统一"（всеединство）作为核心概念，以完整知识为基本架构，以黑格尔的三段式为基本方法，以西方哲学与传统基督教为鉴戒，初步建立了一个涉及本体论、认识论、伦理学的宗教哲学体系。在他的影响下，那些在很多方面彼此不同的思想家形成了自己的观点，如：С.Н.特鲁别茨科伊、Е.Н.特鲁别茨科伊、Н.О.洛斯基、С.Л.弗兰克、Н.А.别尔嘉耶夫、П.А.弗罗连斯基、С.Н.布尔加科夫、В.Ф.艾伦、Л.П.卡尔萨文等。他们的思想尽管存在着分歧，但实质上都是从索洛维约夫学说中成长起来的俄国宗教哲学思想这同一棵大树上的枝杈。20世纪在俄罗斯很有影响的宗教流派——新宗教意识派也是以索洛维约夫的思想作为自己旗帜的。可以这样说，虽然白银时代不是一个确切的概念，然而，毫无疑问的是，整个这一时期的俄罗斯哲学都受到了索洛维约夫宗教哲学思想的影响，白银时代不仅染上了索洛维约夫的宗教探求，而且染上了他的索菲亚崇拜以及神秘的色情意识。概括起来，索洛维约夫对俄罗斯哲学的贡献具体表现在以下几个方面：

第一，索洛维约夫对西方哲学与传统宗教的批判，为俄罗斯哲学的产生与发展提供了鉴戒，使之从一开始就注意到了西方哲学发展过程中出现的问题，并力图加以解决，从而立足于较高的起点。

第二，他的"一切统一"概念不仅是自己哲学的核心概念，而且也是整个俄罗斯哲学的核心概念，构成了俄罗斯哲学的鲜明特征，它对于克服西方哲学中存在的机械的二元分立传统不失为一种尝试。

第三，作为宗教哲学家，索洛维约夫不仅重视信仰的作用，而且非常强调理性的作用，这一点与很多俄罗斯哲学家相区别。然而，正是由于索洛维约夫对理性的强调，才使俄罗斯哲学获得了比较精致的外观，摆脱了粗糙的形式，促进了俄罗斯理论思维的发展，从而推动了哲学的进步。

第四，索洛维约夫肯定基督教的精神崇拜具有重大意义。他充满了面向未来的救世主的思想，俄罗斯宗教思想的各种流派，20 世纪初俄罗斯宗教的各种探索都是继续他的精神崇拜工作。

当然，索洛维约夫的哲学思想并非尽善尽美，他的体系存在着严重缺陷，然而这并不影响他作为俄罗斯哲学的开路先锋与奠基者的地位，没有人能想象，没有索洛维约夫，俄罗斯哲学会成为什么样子。

# 第二章 索洛维约夫宗教哲学学说的逻辑结构与主要特征

## 第一节 索洛维约夫宗教哲学的逻辑起点

### 一、"一切统一"概念溯源

一切统一概念是索洛维约夫宗教哲学思想中的核心概念，可以说，是他整个哲学体系的逻辑起点，他的整个体系就是以它为基石，通过将它应用于各个领域而建立起来的。然而，这一概念并不是他自己独创的，它早已存在。它是以古老的思想——一切存在于一切之中为基础而提出的。第一个详细研究这个概念的人是新柏拉图主义者普罗提诺，他将它理解为存在的内在结构。他认为，感性世界并不具有与一切统一相适应的这种结构，只有想象的或者理想的世界才具有这样的结构。在物质世界里，一切统一被歪曲了，只能被保持在不完善的形式里。一切统一原则意味着不同元素的和谐结合，这种结合不是依靠局部元素的限制而获得的，相反，是依靠每个局部元素的完善的、活生生的表现而获得的。

一切统一概念在教父学中得到了进一步的发展，它被解释为包含在上帝中的所有事物的形象，上帝关于世界的"亘古常存的构想"。在文艺复兴时期，尼古拉．古让斯基对一切统一概念进行了深入研究。

谢林也对一切统一概念进行过专门的研究。1827 年至 1828 年，谢林在慕尼黑作了题为"宇宙时代的体系"（Система мировых эпох）的演讲，试图解释这一开始在他的学说中起重要作用后来由于受具有泛神论性质指责的影响而逐渐修改的概念。他在这次演讲中说："关于一切统一的意思——这里指的是通常的意思，在于所有存在的东西都是从上帝那里汲取存在的，因而都是延伸的实体，它们通过上帝并在上帝中存在，——这是任何真正宗教的基本意思。"[1]慕尼黑演讲之前很久，在《哲学与宗教》一书中，谢林的一切统一指的是包含生物所有阶段的整个绝对世界和在完满与完善的统一中的宇宙。更早的时候，在同一哲学中，宇宙的统一在谢林那里是作为精神和自然的完善的与连续的统一出现的，是作为上帝的艺术作品出现的。在对话《布鲁诺》中，谢林着重指出，不应该将上帝思考为世界的超验的创造者，因为上帝对于世界来说，是内在的艺术家，它从里面产生物质。谢林自己承认他关于一切统一学说来源于斯宾诺莎的泛神论与他的前辈布鲁诺。建立在布鲁诺学说基础上的作为一切统一的上帝的概念，起源于尼古拉．古让斯基的对立的一致原则，即在神的身上统一的和无限的，最小的和最大的事物都具有一致性的原则。尽管谢林与他的同时代人还不知道尼古拉．古让斯基的作品（当时尼古拉的遗产还没有被公开），但是由于布鲁诺的原因，关于一切统一作为对立的统一这一论题成了谢林神智学的主导原则。索洛维约夫的一切统一思想主要来源于斯宾诺莎与谢林，其中斯宾诺莎虽然没有明确提出过一切统一概念，但他的实体概念显然包含着一切统一的含义，即由实体概念显然可以分析出一切统一概念。索洛维约夫已明确承认了斯宾诺莎对自己的影响，因此他们两个的核心概念之间具有的这种关系显然不会是偶然的。谢林的一切统一思想则给索洛维约夫以直接的影响。谢林的这一思想如他自己承认的，开始也是受斯宾诺莎泛神论的影响而提出的，后来由于费希特与雅科比对其泛神论的指责而进行了修改，强调了统一中的对立成分。索洛维约夫也不同意泛神论的观点，他认为，自然主义的泛神论没有把一切理解为神的存在的永恒完满，而只是理解为自然现象的总和，唯心主义的泛神论则把作为存在物的上帝与上帝的客观理念等同起来了。而他自己所理解的作为一切统一的上帝既不可能只是一般的存在，也不可能仅仅是某个东西，即它不仅是抽象的理念，而且有自身的内容、对象或客观本质。这样，在索洛维约夫这里，一切统一概念脱离了抽象性，成为一个具有客观内容的概念，不仅在一切中包含具体的差异，而且"统一"与"一切"也相互区别。

---

1 转引自 Гайденко П．П．，《Владимир Соловьев и философия Серебряного века》[M]，Прогресс-Традиция，2001，472с.

## 二、一切统一概念在索洛维约夫哲学体系中的地位

要弄清楚一切统一概念在索洛维约夫哲学体系中的地位问题，必须联系他当时所面临的哲学环境与他从事哲学研究的目的。他所面临的哲学环境不仅让他了解了哲学所存在的根本问题并由此规定了他的哲学研究目的，而且也为他提供了最直接的研究手段与方法。

前面已经交代过，索洛维约夫所处的时代正是西方近代哲学由于其不可克服的二元分立缺陷走到尽头之时，这无疑为他的哲学研究规定了基本的目的与方向，即像后来许多现代西方哲学家那样，超越分裂，克服片面的、抽象的认识论，建立一种新型的哲学理论。为了完成这一任务，索洛维约夫必须借助于现有的思想资源为自己的新哲学学说建立一个支撑点，或者说逻辑起点，这对他很重要，因为起点的好坏将直接影响他的新理论的成效。对于他来说，这样的思想资源可以来源于两个方面，一是本民族的，另一就是西方哲学。由于当时的状况决定了他不可能片面地从某一方面取得资源，因为，俄罗斯本身还没有真正意义上的自己的哲学，而西方哲学又陷入了不可克服的分裂之中，因此，最佳的选择似乎是从二者的结合方面寻找答案，一切统一概念就是他的选择结果。一方面，这一概念早就存在于西方哲学之中，并且又为在哲学上最早影响他的人——谢林所详细研究过，另一方面，这一概念可以很容易与俄罗斯民族本身的宗教理论结合起来。事实上，索洛维约夫所采用的一切统一概念，既是一个不同于谢林等西方哲学家的哲学概念，同时又是一个具有宗教意义的概念。

我们通观索洛维约夫整个哲学体系，不难发现，从它的创立目的到它赖以支撑的基础，再到它用以解决问题的方法，都离不开一切统一概念。可以说，没有一切统一概念，就没有索洛维约夫的宗教哲学，不理解一切统一概念，就不可能理解他的宗教哲学理论。

首先，一切统一概念是索洛维约夫宗教哲学的前提。索洛维约夫受叔本华的影响，将世界看成表象，但认为在表象背后存在着更加本质的东西，即构成绝对原则的基本存在物，它包含三个方面的内容：第一，它是不可分割的原子；第二，它是单子或活生生的、起作用的力量；第三，它是理念或确定的存在物。他认为，正是这些众多的基本存在物之间的相互作用与相互区别构成了我们表象世界的真正原因。这些基本存在物之间的关系是建立在下述条件之上的："它们相互间是直接地相互区别的，同时它们在某种共同的方

面相互间又是一致或平等的，而且，若使理念之间的关系是实质性的，那么这个共同的方面自身应该是实质性的，即是独特的理念或者是基本的存在物。"[2]这样一来，理念之间实质性的关系就类似于各类概念之间的形式逻辑关系，即如果一些存在物的理念相对于同一个存在物的理念的关系如同是种的概念与类的概念的关系，那么这后一个存在物就涵盖了这些其他的存在物，把它们包含在自身之中，其他的这些存在物相互之间是区别着的，但是它们相对于这个存在物是平等的，后者是它们的共同的中心，以自己的理念同样地补充着所有其他的存在物。同样，几个这样的有机体将在另外一个拥有更普遍的或更广泛的理念的存在物之中找到自己的中心，于是它们就成了新的更高级的有机体的部分或器官，这个新的有机体将满足所有的与它相关的低级存在物的需要，或者在自身中包含着它们。这样的过程不断持续，最后我们一定能达到最普遍和最广泛的理念，它应该在自身中内在地包含着所有的其他理念。由此可见，这样的基本存在物之间无疑具有内在的统一性、完整性，索洛维约夫称那个最普遍的理念为善的理念或爱的理念，他说："因为作为众多理念的机械总和的理念的完整性是不可思议的，这个完整性只能是众多理念的内在统一，这个内在的统一就是爱。"[3]哲学知识的完整性就来源于这种具有内在完整性的基本存在物领域，因为真正哲学的对象，"不是被归结为我们的知觉的现象世界，也不是被归结我们的思想的观念世界，而是有其内在生命关系的存在物的生动的现实性；这种哲学研究的不是现象的外在秩序，而是存在物及其生命的内在秩序，该秩序是由存在物和原始存在物的关系决定的。"[4]这里似乎存在着一个问题，即按照上述说法，索洛维约夫宗教哲学理论的前提应该是基本存在物的内在统一性，而不是一切统一本身，这立即就涉及到他的一切统一概念的宗教意义，因为他的一切统一概念并不是从基本存在物的相互关系中取得的，上面只是他对基本存在物的统一性与完整性的具体说明，而不是论证，无宁说基本存在物之间的相互关系只是一切统一的一种具体体现。实际上一切统一在他那里是既不能通过经验途径获得也

---

2　[俄]Вл.索洛维约夫，《神人类讲座》[M]，北京，华夏出版社，1999，第54页，张百春 译。

3　[俄]Вл.索洛维约夫，《神人类讲座》[M]，北京，华夏出版社，1999，第55页，张百春 译。

4　[俄]Вл.索洛维约夫，《西方哲学的危机》[M]，杭州，浙江人民出版社，2000，第209页，李树柏 译。

不能用理性加以证明的，只能通过信仰来加以把握，因此，一切统一对于索洛维约夫完全是一个超验概念，他有时干脆将它称为上帝。

其次，统一性、完整性是索洛维约夫宗教哲学所追求的终极目标。索洛维约夫认为，本来神的世界是一切统一的，但由于被产生的统一——世界灵魂希望以另外的方式拥有一切，即想像上帝那样从自身出发拥有一切，而不是依靠上帝拥有一切，这样，世界灵魂就必然地丧失了自己的中心状态，从神的存在的一切统一的中心降低到众多的被造物上来，丧失自己的自由和对这些被造物的统治。当世界灵魂不再联结一切时，一切就丧失了自己的普遍联系，世界的统一体就分化为众多的个别元素，它们自己代表自己，获得了分离的利己主义的存在，这个存在的根源就是恶，而它的结果就是痛苦。因此，恢复从神的统一中堕落了的分散的自然世界的统一，使它们重新回到上帝的怀抱，是对它们的救赎，对于它们无疑具有头等重要的意义。这自然成了索洛维约夫宗教哲学的终极追求。正如我们在他的哲学里看到的，在人类社会领域，他要实现精神社会（教会）、政治社会（国家）与经济社会（地方自治会）三者之间的统一；在知识领域，他要建立完整知识，实现神学、哲学与科学的统一；在民族关系方面，他既尊重民族性，又反对民族主义，希望实现理想的神权政治，建立普世教会，实现教会的世界联合。

## 三、一切统一思想与自然主义的泛神论以及无神论之间的区别

前面已经说过，谢林的一切统一思想就曾受到过具有泛神论性质的指责，原因就在于斯宾诺莎的实体概念，作为绝对的现实性本身，不包含任何他物的必然性，不能有效地说明作为多的有限物的存在，而是导致对它们的否定，因此，作为实体的上帝实际上被否定了，这样一来，我们的现实就是唯一的，上帝就没有任何肯定的内容，它与这个世界混合了，这个世界就被认为是上帝的直接内容，我们也就过渡到自然主义的泛神论。在泛神论者这里，有限的自然界就是一切，上帝只是空洞的词语。由此再向前进一步，干脆否定上帝，就成了无神论。

为了区别于泛神论，更是为了否定无神论，索洛维约夫赋予了一切统一里面的"一切"以实在的内容，认为，与作为绝对统一的存在物上帝对立，"一切"是多，但这个多是绝对统一的内容，是为统一所克服的多，是归结为统

一的多。他将这种归为统一的多看作活的有机体，并因此认为上帝也是活的有机体。这种有机体不仅具有普遍意义，而且也是完全个性的。因为：

第一，有机体中的元素越多，构成有机体的独特的存在物越多，其中的每一个元素所拥有的结合关系就越多，因而其中的每一个元素就越是依赖于其他的元素，于是，所有的这些元素之间的联系就越不可分割、越有力，整个有机体的统一就越是不可分割的、越是有力的。

第二，有机体里的元素越多，它们之间的结合关系就越多，该有机体里的元素在其他存在物里、在其他有机体里的这种结合的可能性就越少，这个有机体也就因此拥有更大的独立性、独特性。第三，由于任何关系和任何结合同时必然地就是区分，因此，有机体里的元素越多，该有机体在自己的统一里就代表着越多的区别，它就越区别于所有的其他元素。也就是说，有机体的统一原则把越多的元素归向自己，这个统一原则自身就越肯定自己，因此，这个有机体就更加个性化。所以，索洛维约夫说："存在物越是普遍，它就越是个性化，因此，绝对普遍的存在物，就是绝对个性的存在物。"[5]

为了更好地说明他的这一思想，他还进一步将绝对存在物，即上帝或一切统一本身与它的内容、本质或理念区分开来，认为前者作为原则的统一，是产生的统一，后者作为现象中的统一，是被产生的统一。他将产生统一的原则称为道或逻各斯，将被产生的统一称为索菲亚，认为我们可以在逻各斯里找到绝对存在物的直接表达，在索菲亚里找到内容、本质或理念的直接表达。正如存在物区别于自己的理念但同时与它又是同一个东西一样，逻各斯也区别于索菲亚，同时又内在地与之结合。索洛维约夫所说的一切统一正是逻各斯与索菲亚的结合，这样的结合构成了普遍的同时又是个性的有机体，这个有机体就是基督。

因此，在索洛维约夫那里，上帝是完整的存在物，是普遍的有机体，它以众多的构成元素为前提。这样，他的一切统一就不再是空洞的抽象，而是有具体的内容了。但是对一切统一作这样的理解，有破坏神的绝对性或把自然界引入神里的嫌疑，对此，索洛维约夫解释道："正是为了使上帝与我们的世界，与我们的自然界，与这个可见的现实区别开来，才必须承认在上帝里有自己独特的永恒本质，自己独特的永恒世界。否则的话，我们关于神的思

---

5 [俄]Вл.索洛维约夫，《神人类讲座》[M]，北京，华夏出版社，1999，第110页，张百春 译。

想将会比我们关于可见世界的观念更加贫乏、抽象。"[6]他认为无神论正是先将神归结为纯粹的抽象，然后再摆脱这种抽象并进而否定神的。

由上所述，我们知道，与统一一起，属于作为完整存在物的上帝的还有多，这是实体理念的多，是潜能或力量的多，并拥有一定的独特内容。神的世界因此必然地比我们的可见世界无限地丰富，这个神的世界的现实显然只对实在地属于这个世界的人，才完全地开放。按照这样的理解，那些自然主义的泛神论者和无神论者显然不属于神的世界。

# 第二节　索洛维约夫宗教哲学思想的一般图式
## ——三分式

## 一、宇宙进化和众神起源的过程

索洛维约夫将宇宙过程看成是由自身分裂状态回到神的一切统一原则的过程，这是一个缓慢的、逐渐的和复杂的过程，而不能是一个简单过程。因为如果一切存在着的事物都应该与上帝联合，而这就是一切存在的目的，那么，这个统一要成为实在的统一，显然就应该是双方的，即这个统一不仅应该从上帝这方面来，而且还要从自然界方面来，成为自然界自己的事业。在上帝那里，一切统一是永恒的，在自然界里一切统一只是纯粹的渴望，最初完全是不定的和空洞的，在这里，一切都在混乱之中，在统一里什么也没有，因此，一切只有靠自己的渴望才能过渡到统一那里。由于最初世界灵魂完全不知道一切统一，它是无意识地渴望着一切统一的，对一切统一的渴望就像是对某个他者的渴望一样，因此，假如将这个内容即一切统一一次性地完全地传递给它，那么对它而言，只是个外在的事实，势必成为某种灾难性的和强迫性的东西。于是乎为了作为自由的理念而拥有这个内容，应该让世界灵魂自己掌握它，即由自己的不定性和空洞性向越来越完整而确定的一切统一过渡。这就决定了这一过程不可能是一个简单过程，而只能是一个复杂过程。

---

6　[俄]Bл.索洛维约夫，《神人类讲座》[M]，北京，华夏出版社，1999，第112页，张百春　译。

　　索洛维约夫将宇宙进化过程分为三个阶段或时代，即星际时代，太阳时代和地球时代。认为这三个时代分别由浅入深、由简单到复杂地表现了神的一切统一原则在自然界的实现。在星际时代，一切存在物都在无意识的盲目吸引中相互接近，它们只是每一个都以同样的引力与另一个结合，所依靠的只是外在的空间关系（距离）来相互区别；在太阳时代，一定的物体只是在一定的关系中才会与一定的其他物体联合；在地球时代，由于出现了植物和动物有机体，我们在它们的生命里找到了更个性化的统一形式。在这里，自然统一的原则或世界灵魂尽管还是不完整的，还没有被表现出来，但是已经在确定的和固定的组织里清楚地体现了，这些组织把物质元素连接成某种牢固的和稳定的整体，该整体在自身里拥有自己生命的形式和规律，这个整体就是人类意识。这是完善的有机体，它的出现，标志着宇宙进化过程的结束。在这个宇宙进化过程中，前面所实现了的元素间的联系是后面新的联系的现实基础或物质环境。

　　与上述宇宙过程一致，人类的众神起源过程也相应分为三个时代，即星辰崇拜时代，太阳崇拜时代和男性生殖崇拜时代。正如在普遍的世界过程（宇宙进化过程）之初，世界灵魂是统一的纯粹潜力一样，在人类或历史过程之初，人类意识，即获得了意识形式的世界灵魂，也成了理想的一切统一的纯粹潜力，而整个现实都处在外部自然现象的混乱之中，这些现象在外部的空间、时间和因果关系里为意识而产生，但它们之间没有内在的统一和联系。对于意识来说，它丧失了在绝对存在中的一切统一，获得的只是外在的统一。人类的意识渴望在自身里恢复曾经在物质自然界里由宇宙过程所创造的统一的确定形式，正是由于有了这样的渴望，因此，当物质自然界里的统一的力量在人的意识里出现时，就立即在意识里占主导地位，它们决定着人的意识，赋予其原则性内容，它们不仅是世界的主宰，而且是意识自身的主宰，对于意识来说，它们成了真正的神。因此，这个过程实际上也就是众神起源的过程。

　　索洛维约夫认为，在星辰崇拜时代或拜星教时代，世界统一是以星体的形式向人类的自然意识显现的，而神的原则被作为天兵的暴烈的统治者来崇拜；对于意识而言，这个神是绝对高大的存在物，是与人格格不入的，是人所不能理解的、奇怪的东西；它要求绝对的服从，不允许任何东西与自己并列。受这个神的力量控制的意识，渴望排除人类力量的任何自由运动，排除生命形式的多样性。在太阳崇拜时代或太阳宗教时代，世界统一表现为热、光、磁、电与化学等物理或化学过程，太阳神开始显现为战斗之神，之后是守卫的、被敌人战胜的、死亡之神，最后显现为复活的和战胜敌人之神。由于太阳不仅是光明的源泉，而且也是地上一切有机生命的源泉，因此，宗教意识自然地也会从光明之神向地球上的有机生命之神过渡。这时，统一的思想接受了有机生命的种的统一形式，独特的宗教意识获得了一种自然的行为，这个行为保护着这个统一，这个行为即是生殖行为或种的繁衍行为。于是在太阳崇拜之后出现的是男性生殖崇拜，这一崇拜为争夺统治地位而与太阳崇拜进行斗争。

如上所述，宇宙进化过程结束于有意识的人类存在物的出现，同样地，索洛维约夫认为，众神起源过程的结果是人类灵魂的自我意识。因为人类灵魂已经是精神的原则，是摆脱了自然神统治的原则，它有能力在自身里接受神的原则，而不需要通过宇宙力量的中介。人类自我意识的解放，通过对神的原则的内在接受和发展而逐渐地使人被精神所充满，这就是人类的历史过程。

## 二、存在物的三种基本方式：意志、表象与感觉

索洛维约夫明确区分了存在物与存在两个概念，认为前者是主体，指存在的东西，后者只是作为主体的存在物的宾词。对于实际的存在来说，不仅需要作为主体的存在物，而且需要作为客体的一定的客观内容或本质，这一客观内容或本质是对主体的进一步规定，通过它我们就可以了解主体是什么。因此，在语法上，动词"存在"是主语和谓语之间的系词，在逻辑上，"存在"则是存在物与它的客观本质或内容之间的关系，这个关系的方式就是这个存在的方式或样式。他举了一个例子对此加以说明：比如，在给定的时刻我作为思维着的人的存在无非就是我的我与客体，即与我的思想内容或客观本质的一种关系；这个关系被称为思维，它就是我的存在的一定方式或样式。按照索洛维约夫的观点，存在物的存在方式主要有三种，即意志、表象与感觉。在意志这种存在方式里，本质还没有从存在物里分离出来，因此，存在物与本质的区别只是潜在的或在渴望之中，这时本质存在也不存在，是自己的他者；在表象这种存在方式里，由于存在物在意志的第一个行为里把本质规定为自己的和他者，存在物不仅把它（即本质）与自己自身区分开来了，而且

还与自己的意志区分开来了。因此，他者以一定的方式给定存在物或在存在物那里被给定，或者说作为他者为存在物而存在，也就是说被存在物所表达，或者向存在物显现；在感觉这种存在方式里，由于被表象的本质作为他者获得了作用于表象者的可能性，因而它再也不是只处于被动地位，而是可以也作用于存在物，形成一种相互作用。在这个相互作用里，通过表象从存在物里被分离出来的意志对象重新与存在物结合，因为在这个相互作用中，存在物在本质里找到了自己，同时也在自己里找到了本质。

存在物的本质到底是什么？对此，索洛维约夫的回答是：理念。因此，存在物的存在只是存在物和理念之间的关系，理念作为存在物的本质或内容，就是存在物所愿望的东西，就是它所表象的东西，就是它所感觉的东西。但理念在不同的关系里面对存在物所表现出来的内容是不一样的，在第一种关系里，作为存在物的意志的内容或它所愿望的东西，理念表现为善，在第二种关系里，作为存在物表象的内容，理念表现为真，在第三种关系里，作为存在物感觉的内容，理念表现为美。

索洛维约夫认为，为了使这三种存在方式真正地成为自身，不仅必须在它们的独特性上肯定它们，而且必须使它们之间相互独立。但存在物不能在这三种存在方式的简单的独立性中表现它们，因为它们就自己的本质而言是不可分割地相互联系着的，它们的实际存在所需要的独立性仅仅在于存在物自身的独立性。就是说，在自己的意志里显现时，存在物除了意志外，还拥有表象和感觉，只不过它们是服从意志的因素；在自己的表象里显现时，存在物除了表象外，还拥有意志和感觉，它们也只是服从表象的因素；在自己的感觉里显现时，存在物在感觉里还拥有意志与表象，同样，它们是由感觉所决定、依赖于感觉的因素。这样一来，无论是意志者、表象者还是感觉者，自身都成为了独立和完整的主体，于是，我们拥有三个独特的存在主体，存在的三个方式属于它们中的每一个，但只是在不同的关系之中。索洛维约夫称意志主体为精神，称表象主体为理性，称感觉主体为心灵。

索洛维约夫进一步用这一思想来说明上帝的完整统一。上帝是绝对的存在物，因此，它所愿望的，所表象的和所感觉的，只能是一切。一切既包含在作为绝对理念的善里，又包含在作为绝对理念的真里，也包含在作为绝对理念的美里，它们之间的区别不是在被包含的东西中，而只是在内容的形式里。一切即是绝对所愿望的善，就是它表象为真、感觉为美的那个东西。但是，只有在自己的内在统一和完整之中，一切才能成为绝对存在物的对象。因此，善、真和美是统一的不同形象或样式，在这些形象或样式中，绝对的内容即一切，为绝对而显现，绝对存在物从善、真和美三个方面把一切归结为统一。但是，这三个理念和与之相应的三种存在方式并非在同一个层次上代表着内在的统一。最强烈的，可以说最内在的是作为善意志中的统一，因为在意志的行为里，意志的对象还没有从主体里被分离出来，意志客体与主体处在实在的统一之中。这种对善的意志就是在自己的内在实质中的爱，或者是爱的原始的根源。真理也是这个爱，即一切之统一，但已经是作为被客观地表象了的统一，美还是这个爱，但已经是被感觉了的爱。它们之间的统一，可以用一句话概括："绝对通过真在美中实现着善。"[7]三个理念或三个普遍的统一，只是同一个东西的不同方面或状态，它们在自己的相互渗透中构成新的具体的统一，这个统一所代表的是神的内容的完全实现、绝对本质的完整性和作为一切统一的上帝的实现。

## 三、人类社会存在的三种形态：经济社会、政治社会和精神社会

索洛维约夫继承了斯拉夫派的"有机观点"与"整体观点"，并用它们来看待人类社会，将人类社会看作一个有机的整体。他认为，正如在一切机体中机体的组成部分不同于各个部分所共有的有机构成系统一样，在人类机体中，我们也能区分出两个部分：第一，组成它的各个部分——部族和民族；第二，整个人类存在的某些构成系统或形式，它们属于全人类，贯穿于人类各个部分，是人类有机生命所必需的，它们构成历史发展的真正内容，这就是人类生存的基本形式或人类社会存在的基本形态。

虽然人类生存的形式多种多样，但其基本形式在索洛维约夫看来，不外乎三种，即经济社会、政治社会或曰国家和精神社会或曰神圣社会。索洛维约夫对人类社会的基本形态作出这样的划分，其根据在于人的真正本性呈现出的三种基本存在形式，即感觉、思维和能动的意志。因为在他看来，整个人类生存的基本形式，在决定人的真正本性的因素中，应当有其源泉。人的真正本性呈现出的三种基本存在形式中的每一种都有两个方面：一方面纯属

---

7　[俄]Вл.索洛维约夫，《神人类讲座》[M]，北京，华夏出版社，1999，第107页，
　　张百春 译。

个人，另一方面纯属社会。那种个别的、纯主观的感觉，没有任何一般的必然对象的个别思想和幻觉，那种动物性的直接欲求，都不是整个人类生命本身的构成因素或要素。只有那种具有客观表现的感觉，那种追求一定的对象性内容的思维与那种指明某些一般目的的意志，才可能对人类生命具有肯定本原的意义。质言之，以客观的美为其对象的感觉，以客观真理为其对象的思维和以客观利益为其对象的意志，才有上述意义。

索洛维约夫认为，在上述三个因素中，第一位的社会生活直接本原是意志，人类社会的三种基本形式正是从人的根本意志或者说从人对客观幸福的追求中得出的，它们是意志所表现出来的三个阶段。经济社会的目的主要是确保社会基本主体的存在，即单个人的存在。这一目的的实现主要取决于人们对外在自然的态度，取决于人为从自然界获得生存资料而诉诸该自然的活动。经济社会正是表明这种目的并以对外在自然界的能动的劳动改造为基础的社会联盟。如果说经济社会的任务是组织劳动，政治社会的任务则是组织劳动着的人。因此，政治社会与经济社会有着不可分割的联系。政治社会不是决定人们与外在自然界的关系，而是直接决定人们之间的相互关系；它不是以人们诉诸外在自然界的劳动为其直接对象，而是以处在相互作用中的、作为一个集合性整体之成员的人们本身为其直接对象。社会的第三种形态即精神社会取决于人的宗教性质。与经济社会与政治社会不同，精神社会所追求的是绝对存在——圆满的和永恒的存在。人不仅需要由经济社会提供物质存在，也不仅仅需要政治社会赋予他的合法存在，他更需要绝对的存在。对人来说，只有这种绝对存在才是真正崇高的幸福。对于这种幸福来说，通过劳动获得的物质幸福，通过政治活动取得的经济的和形式上的幸福，只是一些手段，"因为赢得绝对存在或者永恒的和极乐的生活，对所有人同样都是最高目的。"[8]

由上述关于经济社会、政治社会与精神社会的划分，可以看出，经济社会主要具有物质意义，是外在基础；政治社会主要具有形式特征，是中介；精神社会则具有完整的和绝对的意义，是目的。索洛维约夫将这三种社会形态的自由的内在的统一设定为人类社会发展的最终状态，亦即社会发展的最终目的。这样形成的完整机体，他称之为自由的神权国家或整体社会。在这

---

8 [俄]Вл.索洛维约夫，《西方哲学的危机》[M]，杭州，浙江人民出版社，2000，第163页，李树柏 译。

样的社会里，教会即精神社会本身不干预国家事务和经济运作，但给国家和地方提出最高目的及其活动的绝对规范。也就是说，国家和地方在使用其自身的各种手段和力量上是完全自由的，只要它们随时想着决定精神社会的最高要求就行，这样精神社会就如同上帝，他自己岿然不动，却能推动一切。

## 四、宗教启示的三个阶段

索洛维约夫认为，宗教经验和宗教思考的总和构成了宗教意识的内容，从客观方面说，这个内容就是作为宗教意识的实在对象的神的原则的启示。宗教启示是一个逐渐进行的过程，因为一般意义上的人的精神也包括宗教意识，不是某种结束了的、完成了的东西，而是某种产生着的、完成着的东西，即某种处在过程之中的东西，因此，神的原则在这个意识中的启示必然也是个渐进的过程。正如自然界逐渐地向人和人类的理性展示，因而我们可以谈论经验和自然科学的发展一样，神的原则也是逐渐地向人类的意识启示的，所以我们应该谈论宗教经验和宗教思维的发展。

宗教启示经历了三个阶段，即自然的启示或直接启示阶段，否定的启示阶段和肯定的启示阶段。在自然的启示阶段，神的原则隐藏在自然现象世界的背后，宗教意识的直接对象只是处于服从地位的物质和力量，它们在自然界中直接地作用着，以最直接的方式决定着人的生活和命运。这一阶段以多神教为代表，即以所有的神话宗教或者所谓的自然宗教为代表。在这一阶段，人之所以受自然力量的统治，之所以内在地服从它，只是因为我们认为绝对的内容应该在这里存在，这个绝对的内容应该赋予我们的生活和意识以完满，将满足我们的无限的需求。一旦我们发现，作为生命的外部机制和质料的自然界自身是无内容的，它的神圣性与绝对性只是人赋予的，人并不是从自然界中获得某种他所没有的、能够满足和充满他的存在的东西，相反，人把自然界没有的、从自身中汲取的东西加给了它，自然界必然就会失去对我们的统治力量，我们就会内在地从它的奴役下解放出来，然后必然是外在的解脱。这时自然界对人而言只具有否定的意义，它变成了恶、欺骗和痛苦。对这个外部的和盲目力量的服从是人的痛苦的根本源泉，但意识到自然界是恶、欺骗和痛苦，就是对自己的优势的认识，这个优势是人的个性相对于自然的优势。人不仅仅是自然存在物，而且是某种比自然更多的存在物，自然界对人的统治依赖于人的个性自身，即正是面对着自然界的人的意志把人同自然界联结在一起，才导致了恶、欺骗和痛苦，因此，摆脱自然界的统治的解放或救赎就是摆脱自己的自然意志，放弃这个意志。由于这一阶段人的意志的全部行为是对自然存在的渴望，是确定自己为一自然存在物，因此，放弃这个意志就是放弃自然存在。但是，因为最初自然界是作为一切而给定的，在人的这个意识状态里，自然界之外什么也不存在，所以，放弃自然存在就是放弃一切存在。于是，对摆脱自然界的渴望就是自我消灭的渴望，如果自然界是一切，那么不是自然界的东西，就是无。这样就过渡到了第二阶段即否定的启示阶段。

在这个阶段，神的原则在自己的分化和与自然界的对立中启示着，它是对自然界的否定，或是自然存在的无（缺乏），是相对于自然存在的否定的自由。这个阶段的实质特征是悲观主义和禁欲主义，佛教是它的典型代表。涅槃是佛教的中心理念，它的原则是存在的缺乏，是无，是对自然界的否定。如上所述，承认自然界是恶、欺骗和痛苦，已经取消了自然界的绝对原则的意义，但是除了自然界外，在自然人的意识里没有任何其他的内容，因此，不是自然界的那个绝对原则，只能获得否定的规定，即由它所不是的东西来确定。在索洛维约夫看来，这一否定阶段不是某种偶然的阶段，不是暂时的历史条件的结果，对于人的意识而言它有更深刻的意义，它是宗教意识发展的逻辑上的必然层次。

由上面的叙述可以看出，在第一、二两个阶段上，神的原则都是在它所不是的东西里启示着，即在自己的他者里，或在对他者的简单的否定里，所以都是针对他者，而不是自己自身的启示。在这两个阶段，人经历了由把绝对原则同贫乏无力的自然因素相混合到把绝对原则分离出来，并使之与世界的这些贫乏无力的因素对立。这个对一切有限的特征的绝对否定已经是对绝对原则自身的定义，对于还没有拥有这个绝对原则的意识来说，这个否定的定义必然是通向肯定地认识该原则的第一步。因此，在第三个阶段，神的原则在自己自身的内容里彻底地启示着，这个内容就是，它在自身中是什么，对于自己而言是什么。索洛维约夫说道："摆脱了一切存在，摆脱了一切的神的原则，同时，因此还是一切存在的肯定力量，或者是能力，它拥有一切，一切是它自己的内容，在这个意义上，神的原则是一切。"[9]构成神的原则的肯

---

9 [俄]Bл.索洛维约夫，《神人类讲座》[M]，北京，华夏出版社，1999，第45页，张
　百春 译。

定内容的这个一切是什么？索洛维约夫认为，它不可能仅仅是自然现象的总体，因为自然现象只是不断的过渡、过程，它们只有表面的存在，而不是真正的实质的存在。因此，它们不可能是神的原则的真正内容，这个内容只能存在于超自然的领域里，这个领域与物质现象世界对立，它们就是理念的王国。到了这一阶段，人们再也不必借助于外在的自然界来认识神的原则了，而是直接在这一原则自身中或是通过理念就可以认识它了，这时人们看自然界，不过是完全彻底地实现这个绝对原则的工具或质料。

# 第三节　索洛维约夫宗教哲学的主要特征

## 一、强烈的民族使命感

一般意义上说，宗教学说都有共同的使命感，这就是救苦救难，普渡众生。作为宗教哲学，索洛维约夫的学说当然也不例外。不同的是，别的宗教学说一般都将这一使命寄托于某个超人，如佛教里面的佛、菩萨，基督教里面的基督，伊斯兰教里面的真主安拉等，因此，在这种救世模式里，人永远处于被动地位，只能被动地等待救赎；而索洛维约夫则将宗教的这种超凡的救世使命与俄罗斯的民族使命结合起来，赋予俄罗斯民族以拯救人类、拯救世界的伟大历史使命。

索洛维约夫将人类社会的发展划分为三种状态或三个环节，即发展所由开始的某种原初状态，一系列作为过渡或中介的中间状态和充当发展目的的另一种已知状态。处于原初状态的社会机体的构成形式和成分，还没有表现出差别，它们只是隐藏着的、潜在地存在着的东西，还没有自己的严格规定的位置和作用。这种状态是混合或外在的统一，在这里，机体的组成部分之间是以纯外在方式相互联系着的。第二种状态是第一种状态发展导致的结果。由于在第一种状态里，机体的构成部分还没有分立出来，没有表现出自己的特点，没有独立，因此，发展就只能是机体的构成形式和成分因进行新的、已经完全是有机的结合而发生的分离或独立的过程。所以，分离、分裂就成了第二个环节的特点。如果说在第一个环节，只有统一因素具有现实性，那么，到了第二个环节，这种现实性则转向了各个组成部分方面，以前的统一因素本身则仅仅成了众多组成部分中的一个。虽然第二种状态仍然是一个统一体，但把所有部分联系起来的统一体只是一种抽象的力量或一般规律。只有到了第三种状态，人类社会这个统一体才能获得生动的现实性并变成具体的整体性。因为第三种状态是完美的状态，在这一状态中，机体的组成部分之间的联系是内在的和自由的，符合其各自使命的特点；它们相互支持和补充，以达到其内部的协调一致。

社会发展的前两种状态或环节，分别由伊斯兰的东方文明和西方文明充当载体。但是，历史发展到今天，西方文明正在难以抑制地趋向普遍瓦解，即分解为低级的构成因素，丧失一切普遍性的内容与存在的所有绝对本原。因为西方文明造就了生命的个别形式和外在材料，却没有赋予人类以生命本身的内在内容；它把单个的因素孤立起来，使它们达到只有个体才能达到的发展极限，却使它们失去了与活生生的精神的有机联系，致使所有这些财富都成了僵死的资本。因此，西方文明再也不能担当推动人类社会历史发展的重任了，这一重任历史地落到了新的力量肩上。这一新的力量不是造就生命和知识的个别因素，不是创造新的文化形式，而是要用崇高的和解本原，使敌对的因素和在仇恨中死亡的因素复活和高尚起来，赋予它们以一般的绝对内容，从而使它们摆脱唯一的自我确认和相互否定。那么，生命和知识的这种绝对内容存在于哪里呢？显然，它不可能存在于作为个别的和相对的存在物的人的自身之中，也不可能包含在外部世界之中，而只能存在于另一个绝对神圣的世界之中。这就决定了能够赋予人类社会发展以绝对内容的第三种力量，只能是崇高的神的世界的天启，而这种力量借以显现的那些人与民族，必定是人类和超人类现实之间的中介者，是这种超人类现实的自由的和自觉的工具。这样的民族没有自己特殊的有限的任务，不需要任何特殊的优点，也无须任何特殊的力量和外在的天赋，因为它的使命并非出自自身，也不是实现自我，而是通过把人类和整个神圣的本原结合起来的途径，使支离破碎、半死不活的人类凝聚成一个整体。这一使命只要求这个民族摆脱一切局限性和片面性，超越狭隘的特殊利益，要求它心平气和地对待这整个生命及其细小的利益，对崇高的世界的肯定的现实充分信赖，对该世界抱着听其自然的态度。斯拉夫民族，尤其是俄罗斯民族正好具有这样的特性。除了俄罗斯民族，其他任何民族都不能担负上述历史使命，因为历史上的其余各个民族，皆受制于人类发展的两大低级特殊潜力之一：东方民族受制于第一种潜力，西方民族受制于第二种潜力。因此，从这种意义上讲，俄罗斯的伟大历史使命注定只能是宗教使命。具体地说，这一使命就是，全心全意地投入基督教世界的共同生活，并与其他民族携手合作，倾民族全力，以实现人类彻底的宇宙统一。从这里我们可以看出，索洛维约夫的这种民族使命感完全不同于那种民族主义的自我优越感，后者将自己凌驾于一切民族之上，并极端藐视其他民族，将它们看作实现自己目的的工具。

## 二、以在地上建立全世界统一的神权政治国家为最终目的

从所追求的目的来看，几乎所有的宗教学说都有一个共同特点，即将人类的幸福由地上世界转移到天上世界。基督教、佛教等莫不如此。前者将天国作为人类追求的最终目标，后者将极乐世界作为人类的理想境地，它们都非现实中的世界，而是存在于"天上"，或者说存在于想象、幻想之中。按照它们的观点，人在现实当中，非但不能享福，反而要受罪，要忍受禁欲和各种清规戒律的折磨，因为这是通向理想目标的必要途径。

与它们不同，索洛维约夫的宗教哲学是从一般宗教原则出发，对现实世界存在的问题进行哲学思考，他的出发点虽然是超现实的绝对原则，落脚点却是人类的现实处境，目的是要克服与绝对原则不相符合的、不完善的或不正常的现实世界的缺陷与不足，实现人类社会的全世界和谐的统一，从而解放全人类。

作为宗教哲学家，索洛维约夫当然承认神的世界的存在，并且也认为神的世界是比现实的自然界（包括人类社会）更真实更完善的世界，是永恒的世界。从神的、完善的原则来看，现实的自然界是不完善的或不正常的，因此是神秘的和不可理解的。不同的是，神的世界与现实世界在他这里并不存在不可逾越的鸿沟，相反，它们之间是紧密相联的，两者具有内在统一性。它们所由构成的元素都是相同的，区别只在于这些元素之间的相互关系不同。在自然世界里，这些元素处于相互分裂和敌对状态，而在神的世界里，这些元素则处在内在的统一与一致的关系中。现实世界对于神的世界来说，即是某种不真实的和不应该的东西，同时又是确立神的世界的完整性与实在性的不可缺少的环节，它具有必然性。这就像黑格尔所说的"理性的狡诈"一样，理性往往通过现实的一些表面的不合理来实现自己的目的。正如前面已经说过的，索洛维约夫反对抽象性，反对分裂，在知识领域，他把历史上彼此斗争和不断更替的、确认自己的绝对性而至今尚未达到完整综合的各种哲学与

思想流派都称为"抽象原理";同样,他将纯粹局限于理念世界的一切统一原理或者说绝对原则也看作抽象的原则,认为这样的原则尽管属于神的原则,也仍然不具有现实的完整性与实在性,而只具有潜在的实在性。为了显示自己真正的实在性与客观性,它必须在他者中发生作用,由此就断定了这个他者存在的必要性。这个他者即是接受神的作用的世界,这个世界在自身里给神的统一留出一个位置。索洛维约夫称这个世界为被产生的统一,即世界的中心,同时也是神的外围,它就是人类。从理论上说,人类是完整的、同时是普遍的和个性的有机体,这个有机体是神的有机体的必然的实现和存放处。然而,由于世界灵魂希望以"另外的方式"拥有一切,渴望它的存在的完满具有绝对的独立性,以便独立地拥有这个存在的完满,因而将自己生命的相对中心与神的生命的绝对中心分开,在上帝之外肯定自己。于是,世界灵魂就必然地丧失了自己的中心状态,从神的存在的一切统一的中心降低到众多的被造物上来,丧失了自己的自由和对这些被造物的统治。当世界灵魂不再联结一切时,一切就丧失了自己的普遍联系,世界的统一体分化为众多的个别元素,它们因此获得了分离的利己主义的存在,这个存在的根源就是恶,而它的结果就是痛苦。这种恶表现在人类社会领域,就是不同的民族与国家之间为了各自的利益而相互否定,相互对立,每一民族都希望用战争等武力手段来征服其他民族乃至消灭它们。索洛维约夫的目的就是要消除存在于人类社会中的这种恶,为人类解除痛苦。

既然这种恶产生于世界灵魂的妄自尊大,产生于它与神的原则的分离,因此,要消除恶,自然还得依靠世界灵魂,正所谓解铃还须系铃人。这里最关键的就是要让世界灵魂重新回到神的原则上来,打消自己获得绝对独立性的妄想,恢复它的本来的作用,即参与神的统一,同时包含着一切众多的灵魂,在自身里包含了神的原则和被造物的存在,但却不被这个或那个所完全确定,自由地存在。如何才能做到这一点呢?索洛维约夫认为,这正是宗教启示所要完成的任务。前面已经说过,他将宗教启示分为三个阶段,即自然的启示、否定的启示和肯定的启示。在肯定阶段的最后即是基督教阶段,"被充分规定了的神的原则,在基督教里向我们显现了。在这里我们最终踏上了基督教启示自身的土壤。"[10]在这个阶段,世界灵魂通过耶稣基督为中介而与

---

10 [俄]Вл.索洛维约夫,《神人类讲座》[M],北京,华夏出版社,1999,第107页,张百春 译。

自己的神的原则重新结合起来，而这样的世界灵魂或者说人类就是教会。因此，教会的存在，对于人类社会的和谐统一是至关重要的，是社会领域正常关系的决定者，它将神的统一原则贯彻其中，为其提出最高目的及其活动的绝对规范。在它的作用下，人类社会才能形成为一个统一的整体，即统一的神权政治国家。当然，这也是需要一个过程的，也就是说，教会也需要逐渐成长和发展，必须不断完善，只是在时间的末了，才成为包容整个人类和整个自然于一个普世的神人类有机体里，这即是普世教会。

## 三、力图使信仰与理性结合起来，使宗教建立在理性的基础之上

信仰与理性、宗教与科学历来水火不容，相互对立，尽管曾经也有人企图调和二者之间的矛盾，如中世纪就有人企图从理论上证明上帝的存在，但无一例外均以失败告终。因此，历史上只存在要么信仰占据统治地位的时期，如中世纪，要么理性取得绝对权威的时代，如近代。索洛维约夫作为一个宗教哲学家，却非常重视理性的作用，在知识领域建立完整知识，即将科学、哲学与神学三者统一起来，是他的目的之一，这一点凸显出他与其他宗教学者的不同。

他将人类认识活动的结果分为三种：物质的即事实的真理性，形式的即逻辑的真理性与抽象的真理性，这三种结果分别构成三种知识，即以经验内容为主且主要关注物质真理性的实证科学，主要由一般原则决定的且主要考虑逻辑完善和形式真理性的哲学以及以绝对的实在性为其首要对象和出发点的神学。实证科学为一切知识提供必要的物质基础，哲学使知识具有观念形式，神学则使知识获得抽象内容和最高目的。因此，对于人类来说，这三种知识都是不可缺少的。物质认识本身并不包含真理，或者说，物质真理本身还不是真正的即充实的真理。由于实际知识会受到感觉的欺骗，而感觉又可能是错觉，因此，它们本身不能表现出其现实的特征，这些特征只能通过理性判断得出。然而通过其普遍的和必然的真理表现出来的理智，只具有形式意义，它只指明真知的必然条件，而不能提供其内容，而且作为我们的理智，它对我们这些思维着的人，只能具有主观意义。所以，构成我们认知目的的真正的客观真理本身，既不是由外在的可观察实在给定的，也不是由纯粹的理智给定的，而只能决定于不以外在实在和我们的理智为转移的、一切现存

事物的绝对始原。只有这个本原才能既使哲学观念又使科学事实具有真正的意义和作用。舍此，则前者仅为空洞的形式，后者仅为混乱不堪的材料。这个本原即是神学的对象。

索洛维约夫认为，在人类历史的第一个时期，即远古时期，神学、哲学和科学之间，根本没有什么区别，它们呈现为一个融合的整体，他称它为神智学。在以西方文明为代表的人类历史的第二个时期，它们三者陆续分离和各自独立。最初是神学与自然知识分离（当然也包括神学与哲学之间的分离，因为当时还没有显现出哲学本身和经验科学之间的差别——它们共同组成哲学），后来哲学又由于神学没有力量使人们实际摆脱教会的权势与企图在相反的意义上证明某些理智与经验的原理而被解放出来，最后，随着神学的被战胜，原来结成联盟的哲学与自然科学也发生了分离，其中实证科学要追求知识领域的绝对统治权，并垄断一切。这种人类知识领域的分离或者分裂状态不可能永远存在下去，它必定会被克服的，而这只能等到人类历史的第三阶段才有可能。在这个阶段，科学、哲学与神学和谐地结合在一起，构成完整的知识，或者称为自由神智学。这时，克服了自己的局限性或对自己有害的利己主义以后的哲学与科学，必然自觉地利用其全部手段，以达到最崇高的一般认识目的，即由神学规定的目的；神学也不再滥用专属哲学的认识手段限制真正的科学材料，插手哲学和科学的某些领域。

神学使知识获得抽象内容和最高目的，这一点并不能保证它的对象的客观存在。因为如果它的对象不具有客观实在性，那神学本身的存在就是一个问题，说它为知识提供抽象内容和最高目的当然不可信。如何才能确证神学对象的客观存在呢？这里索洛维约夫同样将信仰与理性结合起来考虑。他继承了康德与叔本华的思想，认为，我们的认识只能认识现象，即我们的经验和知识的全部内容只是我们自己的状态而已，在我们之外是什么东西，是否有不依赖于我们而存在的东西，我们无法知道。在我们之外的，在自身之中存在的，因而是在我们的经验之外的，因此也在我们的实际知识之外的东西，只有通过在我们的现实之外的具有俘获力的精神行为才能被确定，精神的这个行为叫做信仰。这一点同样适用于对神的原则的确证。也就是说，神学的对象，即神的原则的存在只能靠信仰的行为来确定。过去人们关于上帝存在的证明之所以不成功，就是因为所有的这些证明都必须依靠一定的前提，所以都有假说的性质，因此不能提供绝对的可靠性。正如外部世界的存在一样，神的原则的存在对于理智也只是或然的、或者是相对的真理，这个存在只有依靠信仰才能绝对地被确证。同样如外部自然界的内容一样，神的原则的内容也要靠经验来获得。借助于信仰，宗教经验的内部材料被认为是神的原则对我们的作用与在我们身上的启示，这样，神的原则自身就是我们的意识的实在对象。

上述的信仰所确立的只是关于神性对象的个别知识，还不是关于神性对象的完整知识。这种完整知识只有通过把宗教经验建立为一个完整的、有逻辑联系的体系，才能获得。因此，除了宗教信仰和宗教经验以外，还需要宗教思考，其结果就是宗教哲学，这就要求发挥理性的作用，将宗教信仰与宗教经验理性化、系统化。只有这种作为宗教真理的联系系统和完整综合的宗教哲学，才能为我们提供关于绝对的或无所不包的神的原则的相应的知识，在这个综合之外的个别的宗教经验只是未知整体的零散部分。这样的宗教哲学无论对于信仰者还是不信仰者，都是必要的，因为据此，信仰的人知道，他们信仰的是什么，不信仰的人也知道，他们所否定的是什么。

# 第三章　完整知识论

## 第一节　完整知识的一般根据

### 一、存在物与存在的区分

索洛维约夫认为，存在物与存在之间的区别非常重要，它具有世界观上的意义。"存在物和存在的这种区别，不仅对逻辑，而且对整个世界观，都有决定性的重要意义，因此我们应当对它进行详细研究。"[1]

通常人们都把哲学看作研究存在的学科，如：自然主义经验论开始断言存在是实物，后来又将实物归结为知觉，最终得出了存在就是被感知的结论；理性主义观念论则把存在定义为思想。由于它们是以主客观存在的对立为出发点的，因而为了调和这种对立，自然主义经验论将存在融于知觉，理性主义观念论则将存在融于思想。这样一来，它们所谓的存在就都成了一般的存在，即主客观存在的同一。这是对存在的误解，其实存在有两种截然不同的含义。一种是作为主体的实在属性的存在，另一种是作为实在谓项的语法谓项的存在。前一种存在概念可用于某个主体，它是实有的；后一种则只能用于主体的谓项，它只具有语法意义，而没有任何相应的现实事物。在第一种情况下，可以举"我在"，或"这个人在"作为例子，这里的"在"是我或这个人的存在的所有现实方式，包括思想、感觉和愿望等等。在第二种情况下，

---

1　[俄]Вл.索洛维约夫，《西方哲学的危机》[M]，杭州，浙江人民出版社，2000，第237页，李树柏 译。

可以举"这个思想或知觉在"作为例子，由于像思想、知觉这样的存在方式只存在于作为主体的我之中，因此，这里的"在"只能表示：我在思想，我有知觉，或者说表示它们所归属的主体存在。不能简单地说"思想在"或"意志在"，因为它们在必须以它们的主体存在为前提。自然主义经验论的错误在于将个别的经验性谓项实在化，而理性主义观念论的错误则在于将一般的抽象谓项实在化。要避免这类错误，我们就必须承认，哲学的真正对象是有其多个谓项的存在物，而不是独立自在的谓项。这里所说的哲学是指真正的哲学，也就是自由神智学或完整知识。索洛维约夫认为存在物是与存在不同的概念，他认为存在物自身应该包含三个要素，即原子、活生生的力量（单子）和理念。因为第一，它应该是一个独立的个体，是存在之独特的中心；第二，存在物应该拥有积极的力量，有能力发挥作用和发生变化；第三，存在物应该拥有本质上确定的内容，或代表一定的理念。因此，存在物也可以作如下定义："……完整的真理就是这三个概念的综合：原子、活生生的力量（单子）和理念，这个综合可以用简单的和通用的词来表达，这个词就是存在物。"[2]存在物分为基本存在物与绝对存在物，基本存在物的全体构成了一切，它们的内在统一则构成了绝对存在物。绝对存在物的完整性表现为无和一切：说它是无，是因为它什么都不是；说它是一切，是因为它什么都不会失去。因此，绝对存在物被分为两个极端或中心：一个是绝对统一或真正唯一的本原，它摆脱了一切形式、一切表现；另一个是存在的本原或生成力，它产生形式的多数性，是存在的直接潜能或第一质料。一方面，第一质料是自由存在物的必然属性，没有存在物的第一质料是不可思议的；另一方面，第一质料是存在物的第一基质，没有第一质料的存在物不可能表现出来或自在。正是这种绝对的存在物构成了完整知识的对象，同时也为它的完整性提供了根据。历史上的各种哲学理论之所以都具有片面性，原因就在于它们都不是将绝对存在物作为自己的对象，而是将它的表现——存在作为自己的对象。而存在是存在物的谓项，它是相对的，存在物则具有多个谓项，也就是说，每个个别存在物都有多种存在方式，每一种存在方式都只是从一个方面表现存在物本身，因此，对于存在物来说，每一种存在方式都具有片面性。由于存在物是绝对始原，有其绝对的现实性，这种现实性既不依赖于外在物质世界的实在性，

---

2　[俄]Вл.索洛维约夫，《神人类讲座》[M]，北京，华夏出版社，1999，第57页，张
　　百春　译。

也不依赖于我们的思维，因而它不能构成认识的内容，从这种意义上说，它是不可知的，它的存在是靠信仰保证的。但是它在下述意义上又是可知的，即如果将被认识物理解为自在的认识对象，这样它不但可知，而且从狭义上讲，只有它才是唯一可知的，因为只有它才是真正的存在物。

## 二、三种哲学类型的困境

索洛维约夫认为，整个哲学可划分为三种类型，即经验主义或自然主义、理性主义或观念论和神秘主义。其中前两种类型可称之为学院哲学，它们虽然都在追求真理，然而由于它们对哲学对象的不同理解，实际上却无法达到自己的目的。经验主义将哲学的基本对象理解为外部世界，并因此把外在经验看作认识的真正源泉。在寻求普遍的和不变的真理时，经验主义走过了古代自发的唯物主义、文艺复兴时期的物活论与近代机械唯物主义或原子论等三个阶段。然而随着原子或者根本不存在，或者是非物质的力的单位（活的单子）这个结论的得出，机械唯物主义连同一切自然主义世界观不得不最终彻底崩溃。于是，经验主义者不得不面临两种选择：一种是承认单子的实在性之后，着手研究它们的内在内容和相互关系，但这明显超出它自己的范围；另一种是接受这种观点必然造成的一切否定的后果，也就是说，如果认识的唯一源泉是外在经验，而它又不能为我们提供任何存在的基础，只能提供被归结为我们的知觉和表象的现象，那么就应当认为这样的现象是我们认识的唯一对象。这样自然主义与实证科学就融为一体了，这个结果被认为是人类理性对形而上学的彻底胜利。然而由于经验主义所赖以成立的基础——归纳逻辑本身缺乏可靠的必然性，于是它们不得不将现象的普遍规律诉诸于自己武断的公理，即断言自然界的活动形式是恒常不变的。也就是说，现象规律的不变性是基于对这种不变性本身的简单确认。

由于现象被定义为非自在的东西，它的存在和作为认识主体的我们有关，实际上是我们的知觉，或者说被归结为我们的各种意识状态。这不可避免地导致以下结论，即我自己作为主体也应当被归结为我的意识状态。但这样一来，任何现象都失去了赖以表象的主体，因而都被归结为某种模糊不清的、自我包含的、与他物没有任何关系的存在，这显然与经验主义的初衷背道而驰，并最终迫使它承认认识着的主体本身拥有非现象性的绝对存在，而这实际上与观念论很接近了。

　　理性主义观念论承认主体本身有其绝对存在，但他们所谓的主体并不是具体的经验主体，而是一般的观念。这种普遍的、必然的观念不是由经验给定的，因此，经验不能认识它们，只有纯粹的先验思维才能认识它们。这种观念论进一步将一般概念看作真正存在物，认为一切实有的东西都是一般概念的发展。这样理解的概念只能是本身不包含任何内容的东西，也就是无。这样一来，一切都出自无，或者说一切本质上都是无。也就是说，一切都是纯粹的思想，其中既没有思维者，也没有被思维物，既没有行动者，也没有行为对象。在这里，我们看到了理性主义观念论与自然主义经验论之间的殊途同归。前者也和后者一样，最终走上了一条自我否定的道路。

　　经验论与观念论的破灭，说明哲学的真正对象既不在外在世界之中，也不在我们的观念之中，而除此之外，就只能承认它有其绝对的现实性，这种现实性既不依赖于外在物质世界的实在性，也不依赖于我们的思维，相反，"这种现实性把真正存在物的实在性赋予这个世界，而把真正存在物的观念内容赋予我们的思维。"[3]这种观点属于第三种类型的哲学，即神秘主义。

　　神秘主义认为，真正的知识既不包含在认识的逻辑形式之中，也不包含在认识的经验内容之中，它除了具有理论形态之外，还必须符合善的意志和美的情感。虽然存在着单独的或抽象的认识能力能理解的真理，如逻辑真理与事实真理，但前一类真理缺乏现实性，需要实在化，后一类真理缺乏理性，需要理性化。神秘主义哲学虽然也是通过观念和思想运动的，但它知道，这些思想之所以有意义，仅仅是因为它们属于通过它们进行思维的、其本身已经不是思想而是大于思想的东西——人本身。人本身大于表象或存在，因此即使不超越自己本身，他也能了解存在物。

　　神秘主义只能充当真正哲学的基础，它本身还不能构成真正的或综合性的哲学的（即完整知识或自由神智学的）体系。因为它有其局限性，即它只确认一种具有内在绝对可靠性形式的直接知识，它所肯定的只具有直接实体性的存在物，只能被同样直接的情感或信仰所感知，而对作为观念的存在物的客观发展，神秘主义或者加以忽略，或者坚决否定，把知识的一切对象性的和观念性的内容统统归结为人类智力的主观幻想。另外，它还缺乏逻辑思维的证明与经验事实方面的确认。神秘主义一旦克服了自己的局限性，那它

---

3　[俄]Вл.索洛维约夫，《西方哲学的危机》[M]，杭州，浙江人民出版社，2000，第208页，李树柏 译。

就实现了与经验主义、理性主义的综合，这样的综合知识实际上就是完整知识，因为它与哲学、神学与科学的综合具有相似性：神秘主义与神学相应，经验主义与科学一致，而理性主义则独具哲学所特有的抽象性质。

## 三、对怀疑主义的驳斥

完整知识遭到了怀疑主义的挑战，怀疑主义分为流行的怀疑主义与学院派怀疑主义两类，前者从我们人类智力的有限性角度、后者从三个方面对完整知识提出了质疑，因此，不驳倒怀疑主义，完整知识的理论就不可能真正被确立。而一旦驳倒了怀疑主义，就意味着从反面为自己存在的根据提供了证明。

流行的怀疑主义认为，我们人类的智力是有限的，因而不可能认识关于物的本质，我们因此也不可能具有任何集中的和任何完整的认识。但是，它们关于人类智力是有限的这一结论显然或者得知于经验，或者其本身是先验的。

经验分个人与历史两种，在这里，个人经验显然不足为据，因而怀疑主义者只能直接引证历史经验。他们认为，历史经验证明，人类智力不能得出有关物的本质的任何正确认识，任何现实的形而上学。然而，任何经验在给定的时间里无论如何不具有普遍意义，过去的经验只能证明过去人类在这方面一直没有取得成功，但是，我们决不会知道，人类已经走过的时间和它将要经历的时间处于一种什么关系之中，因而我们决不能凭过去的失败断言将来我们也不会成功。这就像我们决不能凭一个出生三个月的婴儿不会说话就断言他根本不能说话一样。既然我们认为，在人类发展的某个阶段，人类可能有能力得出形而上学的认识，那么我们又怎么能够不相信，此刻这个未来已经到来了呢？可见，以历史经验为依据并不能确保得出人类智力是有限的结论。这一结论是否是先验的呢？即这一结论是否应被看成是人类自身的本性使然？若是，则我们又会面临以某种新的形而上学假设来否定已有形而上学的窘境，因为上述观点已经预先设定，我们熟知人类智力的本质，所以是在假设关于某种本质的认识，这无疑是形而上学。

学院派怀疑主义从三个方面，即真正存在物是绝对本原，或者是认识着的主体，或者是具有现实性的认识的自身本性，论证了完整知识之不可能，但它们的论证要么先入为主，要么窃取前提，根本不能成立。

怀疑主义的第一个论点是，一切形而上学的假定对象都是自在之物或存在物本身，这种对象是我们无法认识的，因为我们只能认识现象。这种观点显然将存在物与现象绝对对立起来了，认为二者绝对各自独立而没有任何联系。然而这种观点不仅毫无根据，而且完全是荒谬的。这是因为，第一，真正存在物不是真正的现象性存在之物，这里的不是并非表示绝对对立，而只是表现差异或局部对立。第二，真正存在物是一切现象性存在的绝对基础。

现象总是某物的现象，它如果不是自在的存在物的现象，又会是什么东西的现象呢？因为一切事物不是自在，便是他在，不是存在物，就是现象。现象无非是自在的存在物的显露，所以我们在认识现象时，也就因此对通过现象暴露出来的这个存在物有了某种认识。这正如镜子里的映象不是它的原型，不能将它们混为一谈，但它至少给我们提供了关于对象本身的真实表象，我们通过它多少可以获得一些关于对象的认识。我们说只能认识现象，实际上只不过表示：我们能认识可认识之物；存在物的可知性或客观存在，即它的为他物的存在，不同于它的自在的主观存在。索洛维约夫因此给现象与自在的存在物下了一个精确的定义："我把现象理解为存在物的可知性、它的对象性或为他物的存在；我把自在的或自为的存在物理解为该存在物本身，因为它不属于他物，即它自有其应有的现实性。"[4]这样一来，我们决不可能把其中的一个范畴完全强加给形而上学本质，而把另一个只强加给我们的现实经验世界，从而使这两大领域分离，使一者对另一者绝对格格不入。索洛维约夫由此认为，我们的日常认识和形而上学认识之间的差别只是相对的。任何现实的认识都是通过存在物的现象对存在物的认识，差别可能仅仅在于，形而上学认识是指得到直接的整体显露的存在物，而我们的日常认识或物理知识则只涉及存在物的局部的和次要的现象。

怀疑主义的第二个论点是，我们的智力作为认识者，必然有其无法突破的某些必然形式和范畴，因此它永远不能认识不以我们智力的主观形式和范畴为转移的真正存在物。这种观点的问题在于：第一，它不能得到证明；第二，说形而上学本质不决定于我们的实际空间和我们的实际时间，与说它一般是否受某些形式的限制，即它自身之中有没有什么与它们相应的东西，是两个完全不同的问题。而只要无法证明我们的认识形式绝对是主观的，那么从主体方面看，形而上学认识的一般可能性就是可以设想的。

---

4 [俄]Вл.索洛维约夫，《西方哲学的危机》[M]，杭州，浙江人民出版社，2000，第231页，李树柏 译。

怀疑主义的第三个论点是，因为我们的认识的全部现实内容，都可归结为我们的表象，或归结为我们的意识状态，而形而上学本质则不可能是我们的表象，所以它对我们来说是不可知的。这里的问题在于，一方面，我们的表象不可能独立自在，除了自己的主体，她们还要求有决定性的客观原因，即存在物，因为它们无非是这个原因的可知性。另一方面，因为一切现象都是存在物的为他物的存在，所以断言形而上学本质不可能是我们的表象或意识状态，无异于断言它根本不能得到表现或显露。但这必然导致以下问题：第一，与形而上学存在物的真正定义相矛盾；第二，因为现象根本不可能独立自在，而必须是存在物的现象，所以断言存在物不可被认识，就意味着对现象本身存在的否定。

怀疑主义的三个论点概括起来就是，将存在物与现象绝对对立起来，否认二者之间的联系，断言我们的认识只能达到现象，而绝不能达到存在物本身。索洛维约夫的观点正好与之相反，认为，真正的存在物不是特有的、简单的和模糊不清的实体，它具有现实的和完满的存在的所有力量；现象不可能和存在物分离，存在物可以通过其现象在某种程度上被认识；我们的认识形式的主观存在，不妨碍这些形式与认识主体范围外的独立实在相符合；如果我们的认识的所有因素都是表象或映象，那么它们所表现的或描述的就是存在物，因此存在物通过它们即可被认识。怀疑主义的观点应该说是具有代表性的，因此，索洛维约夫认为通过对它的驳斥可以从反面为完整知识理论提供理论依据。

# 第二节　完整知识的有机构成

## 一、完整知识是神学、哲学与科学的统一

索洛维约夫在《完整知识的哲学本原》中的"论哲学的三种类型"部分一开始就说道："自由的神智学是神学、哲学和经验科学的有机综合，只有这样的综合，才能囊括知识的完整真理，舍此，则科学、哲学和神学只能是知识的个别部分或方面，即被割下来的知识器官，因此和真正的完整真理毫无共同之处。"[5]这种有机综合不同于三个学科的机械拼凑，在这样的综合里，我

---

5　[俄]Вл.索洛维约夫，《西方哲学的危机》[M]，杭州，浙江人民出版社，2000，第195页，李树柏 译。

们不可能找到其中任意单独的一个学科。也就是说，"这些因素中的每一个臻于完满的因素，都必须获得综合的性质，变成完整的知识。"[6]我们从未知的综合的任何一个成分出发，都可以求得这种综合。例如，实证科学当它上升为真正的体系时，就会转化成完整知识；哲学当它克服了自己的片面性之后，也就成了完整知识；同样，神学在克服了自己的局限性之后，也会成为完整知识。因此，完整的知识也可以称为完整的科学，或者完整的哲学与完整的神学，在这里，差别只在于出发点不同，叙述方式不同，结果和肯定的内容则并无二致。

然而这三种知识又都是必须的，这是由对象的三个不同方面的存在所决定的。索洛维约夫指出，在任何对象中，我们都能够区分出三个方面的存在：第一，实体存在或内在的现实性——对象自身的本质；第二，它的普遍本质，即普遍的和必然的规定与性质，它们构成存在的逻辑条件；第三，它的外在的、可见的现实性，它的表现，即为他的存在。对象自身的存在，它的内在的现实性只有通过信仰或者神秘的知觉才能确定，并且适合于宗教原理；对象的可思维性属于哲学思辨；而对象的外在表现或者现象性的现实性应由经验科学研究。这三种知识分别满足着我们不同的认知需求。

经验科学研究在经验中给定的现象以及它们之间外部关系的机制，这样的知识可以发展我们应付自然的手段，以不断提高我们的生存能力，满足我们物质生活方面日益增长的需求，人类社会发展至今天所取得的全部科技成就都应归功于这一知识的逐渐积累。然而人除了物质生活方面的需求外，还有精神生活方面的需求，有探求真理的需求。这些需求经验科学则无法满足，只能依靠哲学与神学两种知识。真理是什么？索洛维约夫答道："真理一般不属于独立的或特有的理论知识，……真理的知识只能是符合善的意志和美的情感的东西。……真正的、完整的和生动的真理，其本身包含自己的现实性和自己的理性，并能把它们传播给其余的所有东西。"[7]这也就是说，真理既不包含在认识的逻辑形式之中，也不包含在认识的经验内容之中。因此，单凭孤立的经验科学或哲学不可能获得真理。哪里才能找到真理所需要的这种现

---

6 [俄]Вл.索洛维约夫，《西方哲学的危机》[M]，杭州，浙江人民出版社，2000，第195页，李树柏 译。

7 [俄]Вл.索洛维约夫，《西方哲学的危机》[M]，杭州，浙江人民出版社，2000，第209页，李树柏 译。

实性呢？索洛维约夫认为，必须到真正存在物中才能找到这种现实性，因此，他将完整知识的对象规定为真正存在物，而不是存在。这种真正存在物本身具有绝对的完整性与客观性，然而我们不可能逻辑地证明它的存在，只能依靠信仰来确定。这样，神学与经验科学各自的作用就清楚地显示出来了：真正存在物或外部现实的存在依靠信仰来确定，但它的内容则要靠经验来得知；现实是存在的，这一点我相信，现实是什么，这一点我们只能去体验和认识。假如我们不相信外部现实的存在，那么我所体验和认识到的一切，就只具有主观的意义，就只能是我们内在的心理生活中给定的事实。也就是说，信仰赋予了我们的认识以客观意义。例如，我们从经验中关于太阳所知道的一切，就是我们所体验到的，它只能保证我们自己的实在性，无论如何也不能保证太阳的实在性。然而只要我们相信太阳的实在性，那么关于太阳的所有经验材料都是太阳客体对我们的作用，这样，它们就获得了一种客观的实在性。但是，经验材料自身只构成了客观知识的基础，它还不能构成完整的知识，要使这个客观知识达到完满，还必须在这些关于存在物的个别信息之间建立起联系，必须把经验联结于一个完整的体系，这要靠理性思维来完成，因为理性思维能赋予经验材料以科学的形式，于是我们需要哲学。

概括地讲，在完整知识或者说自由神智学体系里，神学、哲学和科学三种因素缺一不可，它们相互制约、相互补充，共同帮助我们获得对真理的认识。神学就其绝对性质讲，具有头等重要意义，因为它决定着完整知识的最高本原和最终目的；经验科学就其物质性质讲，可充当外在基础，同时是最高本原最大限度的运用或实现；哲学就其以形式为主的性质讲，表现为整个体系的中介或普遍联系。

## 二、完整知识是真、善、美的统一

索洛维约夫认为，完整知识就其定义讲，不能只有理论性质，它还应当符合人类智力的一切要求，应当在其领域里满足人的一切崇高愿望。因为完整知识是关于真理的知识，而"有关真理的理论问题，显然不属于现象的个别形式和关系问题，而属于存在物的普遍的绝对意义或理性问题。"[8]任何局部认识与个别科学本身都没有真理意义，只有和逻各斯联系起来，成为统一的

---

8　[俄]Вл.索洛维约夫，《西方哲学的危机》[M]，杭州，浙江人民出版社，2000，第250页，李树柏 译。

完整真理的有机组成部分才有其真理意义。我们的认识对象，必然同时又是而且永远是我们的意志和情感的对象，纯理论知识即抽象的科学知识，过去和将来永远都是无聊的虚构与主观的幻想。思想和认识的理论领域，意志和活动的实践领域，情感和创造的美学领域，其间的差别不在构成因素，而仅仅在于哪种因素在哪个领域里更占优势。

索洛维约夫将存在定义为存在物或主体与自己的本质或内容的某种关系，按照这样的理解，存在物的存在就是意志、表象和感觉。

如果存在是存在物自身与它的本质的关系，那么这个本质就不是存在物自身，它是存在物的他者，但同时它属于存在物，是存在物自己的内在内容。由于存在物也是自己的本质的始原，因此，存在物是自己的他者的原则，而自己的他者的原则就是意志。但是，当存在物在意志的第一个行为里把本质规定为自己的他者时，存在物不仅把本质与自己自身区分开来了，而且还与自己的意志区分开来了。为了使存在物能够愿望这个他者，他者显然应该以一定的方式给定存在物或在存在物那里被给定，应该作为他者为存在物而存在，也就是说被存在物所表达，或者向存在物显现。这样，存在物的存在除了被确定为意志外，还必须被确定为表象。被表象的本质作为他者获得了作用于表象者的可能性，因为表象者同时还是个有意志者。在这个相互作用里，通过表象从存在物里被分离出来的意志对象重新与存在物结合，因为在这个相互作用中，存在物在本质里找到了自己，并在自己里找到了本质；存在物与本质相互作用着，它们成了相互感觉着的。因此，这个相互作用或第三种存在的方式无非就是感觉。这里所说的存在物的本质就是理念，理念作为存在物的对象或内容，就是存在物所愿望的东西，就是它所表象的东西，就是它所感觉的东西。在第一种关系里，即作为存在物的意志的内容或它所愿望的东西，理念被称为善，在第二种关系里，作为存在物表象的内容，理念被称为真，在第三种关系里，作为存在物所感觉的内容，理念被称为美。

由于存在物的这些存在方式就其本性讲是不可分割地联系着的，因为没有表象和感觉就不能思想，没有意志和感觉就无从表象，没有意志与表象就无从感觉，所以存在物不能确认这些完全独立的存在方式，例如第一只确认意志，第二只确认表象，第三只确认感觉，因此它们不能各自独立。它们的实际存在所需要的独立性仅仅在于存在物自身的独立性，即第一，该存在物主要是在显示意志；第二，主要是在呈现表象；第三，主要是在进行感觉。

在第一种情况下，存在物在通过自己的意志自我确认时，它和意志都有表象和感觉，不过表象和感觉是从属于意志的环节。在第二种情况下，存在物在通过表象自我确认时，它和表象一起拥有意志和感觉，但这时的意志和感觉成了受表象支配的环节。在第三种情况下，存在物通过感觉自我确认时，它是和感觉一起共有意志和表象的，但后二者已是为感觉所规定、屈从于感觉的环节。

意志、表象和感觉之间的内在联系决定了善、真和美之间的统一。善、真和美是统一的不同形象或样式，在这些形象或样式中，绝对的内容或一切，为绝对而显现，或者善、真和美是三个不同的方面，绝对存在物从这三个方面把一切归结为统一。由于一般地说，任何内在的统一，任何从内部出来的对多的联合，都是爱。在这个意义上，善、真和美只是爱的不同形式。但是，这三个理念与意志、表象和感觉三种存在方式并不是在同一个层次上代表着内在的统一。其中最强烈、最内在的是在作为善意志中的统一，因为在意志的行为里，意志的对象还没有从主体里哪怕是被理想地分离出来。如果一般地内在的统一，可以用爱这个术语来表示，那么特别地可以用这个术语来表达其内在统一是原始的和未分化的绝对领域，即意志和善的领域。"对善的意志就是在自己的内在实在中的爱，或者是爱的原始的根源。善是一切的统一或所有的东西的统一，就是爱，这个爱就是被愿望的东西，即作为被爱的对象，因此，我们在这里有作为理念之理念的，在独特的和主要的意义上的爱：这是实在的统一。真理也是这个爱，即是一切之统一，但已经是作为被客观地表象了的，这个统一也是理想的统一。最后，美还是这个爱（即一切东西的统一），但这个爱已经是被表象的或被感觉的爱：这是现实的统一。"[9]善、真和美之间的关系可以简短地表示为："绝对通过真在美中实现着善。"[10]也就是说，这三个理念或三个普遍的统一，只是同一个东西的不同方面或状态，它们在自己的相互渗透中构成新的具体的统一，这种统一正是完整知识的对象。

9　[俄]Bл.索洛维约夫，《神人类讲座》[M]，北京，华夏出版社，1999，第 106~107页，张百春 译。

10　[俄]Bл.索洛维约夫，《神人类讲座》[M]，北京，华夏出版社，1999，第 107 页，张百春 译。

## 三、完整知识的范畴结构

任何一种知识都是由一系列范畴构成，都有自己的范畴结构，索洛维约夫的完整知识也不例外。由于完整知识的对象是存在物，它的完整性与统一性也是由存在物的完整性与统一性决定的，因此，完整知识的范畴结构也就主要以存在物为中心范畴而逐步展开。前面已经说过，索洛维约夫对存在与存在物进行了区分，将存在物看作产生和拥有存在的本原，在存在物本身之中，又区分出两个中心或两极（即存在物本身和第一质料），这样，我们就拥有了三种规定：（1）自由存在物（超在物本身），这是存在的肯定威力（第一中心）；（2）存在的必然性或直接力量（第一质料或第二中心）；（3）作为它们的一般产物或相互关系的存在或现实性。索洛维约夫将第二个规定又称为本质，并认为本质是存在物的观念，因为本质是由存在物规定的。这样我们就拥有了存在物、本质、存在三个范畴，它们是一切实存物所共有的三个首要的逻辑范畴。存在物、本质和存在三者之间的关系可概括为：存在是存在物本身与自己的本质之间的关系。而存在物与自己的本质之间的关系即存在方式又不外乎三种，即意志、表象和感觉。存在物的本质即它的对象或内容，它也是存在物的意志、表象与感觉的对象，作为存在物意志的内容，本质被称为善，作为存在物表象的内容，本质被称为真，作为存在物感觉的内容，本质被称为美。存在物在被区分出不同的存在样式或方式的同时，也被区分成了三个主体，其中每一个主体专门由一种根本存在方式所规定，但又不排除另两种方式，而是和它们一起共同规定该主体，只不过另两种方式是次要的或从属的因素而已。在第一个主体中，表象和感觉屈从于意志，换言之，它之所以要表象和感觉，仅仅因为它想；在第二个主体中，占优势的是表象的客观因素，在这里，意志和感觉受表象支配，也就是说，它想，它感觉，仅仅因为它在表象；在第三个主体中，只有实在的或感性的存在具有特殊的或独立的意义，即它表象，它思想，仅仅因为它在感觉着。索洛维约夫称第一个主体为精神，称第二个主体为智力，称第三个主体为心灵。精神是作为意志主体和善的体现者的存在物，因此它也是真的表象的主体和美的感觉的主体。智力是作为表象主体和真的体现者的存在物，因此也是意志、善和美感的主体。心灵是作为感觉的主体和美的体现者的存在物，因此它也主宰善的意志和真的表象。

在完整知识的范畴当中，逻各斯比较难以理解，因为索洛维约夫对它的用法不完全同于该范畴的传统用法。逻各斯一词原意为词、谈话中所涉及的内容，后引申为规律性。在索洛维约夫这里，逻各斯一词既有这种传统的意义，如他有时将逻各斯与语词等同看待："表现本身，即通过他物或在他物身上确认自己，是被表现物的显露、确定或表述，是它的语词或逻各斯。"[11] "用语词或逻各斯指称第二本原的真正性质是再好不过了。"[12] "总之，逻各斯或语词是唯一客观的东西，即对他物来说是实有的，是存在和知识的本原。"[13] 同时又加进了自己的新的理解，这就是将逻各斯理解为产生的统一或作为原则的统一，这一原则是绝对存在物的直接表达或显露、确定。他说："由存在物的这些始原构成的给定内容本身是逻各斯，逻各斯是规定、区分内在的发展和发现的本原——光明的本原，绝对物的一切内容在其照耀下都会被发现或变得清晰可见。"[14] "一切表现皆是区分，对于没有任何外在于自己的东西的绝对物来说，区分就是自我分解。可见，逻各斯就是处于其自我分解状态的绝对物。"[15] "逻各斯是关系，即超在物本身与它自己的原始关系，或者是它的自我分解。"[16]

索洛维约夫认为，以上各范畴之间的关系大致如下：存在物、本质和存在的基本范畴，作为一般概念，必然属于绝对物本身，同样也属于逻各斯和观念（是绝对物通过其逻各斯所实现的东西），不过程度和关系各有不同罢了。绝对物本身主要是存在物，而后才是本质和存在。作为存在物，绝对物是精神；作为存在，它是意志；作为本质，它是善。逻各斯主要是存在，即表象（即表象行为）；但它也是存在物，即智力；又是本质，即真理。最后，观念

11 [俄]Вл.索洛维约夫，《西方哲学的危机》[M]，杭州，浙江人民出版社，2000，第264页，李树柏 译。

12 [俄]Вл.索洛维约夫，《西方哲学的危机》[M]，杭州，浙江人民出版社，2000，第265页，李树柏 译。

13 [俄]Вл.索洛维约夫，《西方哲学的危机》[M]，杭州，浙江人民出版社，2000，第266页，李树柏 译。

14 [俄]Вл.索洛维约夫，《西方哲学的危机》[M]，杭州，浙江人民出版社，2000，第265页，李树柏 译。

15 [俄]Вл.索洛维约夫，《西方哲学的危机》[M]，杭州，浙江人民出版社，2000，第283页，李树柏 译。

16 [俄]Вл.索洛维约夫，《西方哲学的危机》[M]，杭州，浙江人民出版社，2000，第283~284页，李树柏 译。

主要是本质，即美；但它也是存在物，即心灵；又是存在，即感觉。十二个范畴之间的关系可列表如下：（1）存在物（绝对物）（神学的对象）（2）存在（逻各斯）（科学的对象）（3）本质（观念）（哲学的对象）

1. 绝对物……精神　　　　　意志　　　　　　善
2. 逻各斯……智力　　　　　表象　　　　　　真
3. 观念………心灵　　　　　感觉　　　　　　美

在该表中，内容上属于逻各斯或观念的规定和存在形式上属于绝对物的规定，是同一个东西，反之亦然。其中智力在内容上属于逻各斯，心灵在内容上属于观念，二者在存在形式上，即作为存在物或存在物的种类，属于绝对物本身，而绝对物则主要是存在物；意志在内容上属于绝对物，感觉在内容上属于观念，在存在形式上，作为两种存在，它们和表象一起都属于逻各斯，而逻各斯则主要是存在；善在内容上属于绝对物，真在内容上属于逻各斯，在存在形式上，它们作为本质，和美一起，同属于观念，而观念则主要是本质。由此可见，对象之间在形式与内容上相互交织，构成一个完整的统一体，完整知识的完整性正是来源于此。

# 第三节　完整知识的一般特征及完整知识论的不足

## 一、完整知识的对象与目的

前面已经说过，完整知识的对象是真正存在物，在这一点上，它与经验主义和理性主义的区别是显著的。因为经验主义认为认识对象不是存在物，而是现象或事实上的即经验中给定的关系；理性主义认为知识的对象不是作为观念的存在物，而是独立自在的观念本身。倒是神秘主义在表面上与它有着一定程度的相似性，因为神秘主义也肯定存在物是真正认识的对象。但是，它们之间仍然存在着区别，主要在于神秘主义虽然认为存在物是认识的对象，但它理解的存在物只具有直接实体性，因而只能被同样直接的情感或信仰所感知；对作为观念的存在物的客观发展，神秘主义或者加以忽略，或者坚决否定，而把知识的一切对象性的和观念性的内容，统统归结为人类智力的主观幻想，这必然要导致绝对的怀疑主义。完整知识论在承认存在物具有绝对的第一性的现实性的前提下，进而承认存在物中理应包含的东西和被神秘主义忽略的东西。具体地说就是，既然存在物具有绝对的现实性，是绝对的即完整的存在，那么它就不会排斥任何内容：既不会排斥我们理性思维的内容，也不会排斥我们的经验的内容。所以，完整知识论不仅克服了理性主义与经验主义的片面性，而且克服了神秘主义的片面性，并且包含了它们的所有客观内容。

认识的目的是什么？对于这个问题，索洛维约夫与理性主义、神秘主义以及经验主义的回答也存在着差别。理性主义认为，作为精神活动最高形态的哲学认识本身就是目的，从一定的意义上看，这一观点并没有错，哲学作为知识的理论要求的满足，它本身的确是目的。问题在于，这种理论要求本身不仅仅是众多要求中的一种个别要求，而且是人的完整的或绝对的生命的一般最高要求，对这种生命来说，其余的东西只能是手段。这种绝对的永恒生命，其本身即是至善极乐，因此，真正知识的目的必须决定于它，也就是说，完整知识不受任何其他个人活动的支配，而是和这些活动一起，共同服务于一个绝对目的。于是，问题就转化为，在什么情况下，人才能享有这种至善极乐？显然只有在下述情况下，人才能达到该目的：即人不屈从于任何外在的与他格格不入的条件，不接受任何被迫的外在规定，因为任何这样的规定都是苦难。而人要摆脱强加于他的外在性，只有和自身的东西，即符合自己真正本质的东西内在地结合起来，使自身包含一切。换言之，人只有通过与真正存在物的内在结合，即皈依真正的宗教，才能是真正自由的。使人摆脱外在性以及与之相关的恶和苦难，与整体存在物相结合，这些实际上构成了人类全部正常活动的现实目的，因而也是完整知识的目的。

神秘主义也承认人与作为真知之目的的绝对物的结合，但它对绝对物的理解是片面的，这必然导致它把同绝对物的结合，片面地理解为融合或吞没。然而，这样做的结果只能导致泯灭，即佛教所谓的涅磐，世界被人吞没，人被自身吞没。但涅磐并非自由，更非极乐，因而不可能成为目的。经验主义将知识视为获得统治自然界的威力或权力的最伟大的手段，这样的知识是否能使人获得自由呢？答案显然是否定的，因为为了得到真正的和充分的自由，人不仅应当拥有控制外在世界的权力，还应当能控制其自身的天性，后面的这个要求不可能被经验主义的知识所满足。人从哪里可以得到这种内在的自由或统治自己天性的权力呢？他显然不可能从自己身上获得这种权力，这正如一个人不可能抓住自己的头发把自己提起来一样。唯一的可能是把自己的中心从其自身天性转移到另一个最高本性，即绝对的先验的世界，这一绝对的先验世界就是真正存在物。

完整知识的目的是促使人与真正存在物的内在结合，这一点与它的目的是追求真理是一致的。因为真正的完整真理，其本身必须同时又是善和美，才是强大的。因此，完整知识是与真正的创造和道德活动不可分割地联系着的，它不可能脱离开其他精神领域，而是必须和它们共同达到最高目的。

## 二、完整知识的材料、形式和动力

完整知识的材料是由经验提供的。我们心理生活或意识状态材料的全部总和，通常可以分为三类，即外在经验、内在经验与神秘现象。外在经验是这样的意识状态，在该种状态中，我们能感知自己是由某种外在于我们的东西所决定的，但我们又不能直接认识这种东西，只能感觉到它对我们的作用。内在经验是处于下述意识状态的经验，处在这种状态的我们，能认识到我们自己天性的主要表现或由这种天性决定的意识状态。神秘现象是下述现象，通过它们，我们觉得自己是有别于我们但并非外在于我们的本质决定的，这种本质可以说比我们自身还要更加内在、更加深刻和重要；通过这些现象，我们觉得自己不是从属的，不是受制于人的，相反，我们在超越自身，并能获得内在的自由。

无论是经验主义，还是理性主义，都忽视或否定神秘现象的独立性，前者只把客观现实性意义赋予外在经验材料，只把心理现象看成物理现象的次要的主观变体；后者则完全承认内在现象或心理现象的独立的现实性，而不把它们归结为外在经验，认为神秘现象只不过是心理生活不正常的病态变体。它们这样做的结果，导致了当代科学中普遍盛行的还原行为，即把一类现象归结为另一类，而且是把更为重要和深刻的现象还原为肤浅次要的现象，如把神还原为人，把人还原为动物，把动物还原为机器，质言之，就是从贫乏的、脆弱的和空洞的存在中，引申出充实的、富于内容和力量的存在。然而这种还原倾向是不可能真正实现的，因为它违反逻辑，并且是以完全忽视这一类或那一类现象独具的特殊性质为前提的。不过，当代科学的这一倾向，就其肯定存在的一切形式的本质统一和内在联系及确认存在的高级领域对低级领域的依赖性这两点来说，还是可取的；谬误仅仅在于它不是在一切存在的一般的绝对中心去寻求这种统一和这种联系，而是在该存在的一个领域里去寻找它们，并且是在一个最低级和最肤浅的领域，并且将存在的高级领域对低级领域的依赖性错误地归属于存在本身，认为最高本质没有自在的和自为的存在，它们只不过是从低级存在物中获得存在的。

神秘现象的基础也是经验，但它是人类的整个历史所提供的经验，有人以体验到这种经验的人很少为理由否定它的存在，这是没有道理的，因为在某些现象的现实性问题上，现象主体的人数多少，显然是无关紧要的。有些人则断言神秘现象的不可能性，企图通过这种断言达到否定它存在的目的。这也是站不住脚的，因为关于可能性即可意料性的纯先验的问题，可能仅仅与概念和判断有关，而与现象本身毫不相干。"不可能的现象"，"难以想象的事实"，这都是没有意义的废话。

与经验主义、理性主义和神秘主义不同，作为完整知识的材料虽然也是由经验提供的，但它们并不是片面的，而是由神秘现象、心理现象和物理现象的全部总和共同提供的，完整知识对所有这三大类现象的现实性，都能一视同仁地加以感受。不过，这些现象对完整知识的意义各有不同，就其与一般绝对中心的关系讲，它们彼此处于某种等级从属状态。其中神秘现象具有头等的和基本的重要性，其次是心理现象，最后是最肤浅的和没有独立性的物理现象。物理存在领域作为外在的周边统一体，是存在物的最终实现，心理领域则是中心和周边之间的内在中介；二者对充实绝对存在无疑都是必要的。

然而，上述的现象都只是个体的、直接的，对所有这些处于直接个体状态的现象的认识是不能构成完整知识的，它们只是构成完整知识的材料，要成为完整知识，还需要获得普遍的即完整的真理的形式。一般来说，知识的形式有三种，第一种称为智力直觉或直观，它构成完整知识的真正第一性的形式。第二种称为感性知觉。这两种形式都不可能单独存在，在我们的各个知识领域它们只有数量或程度上的差别，主要看是现象经验为主，还是观念直觉为主。第三种形式称为抽象思维。它本身没有任何肯定的内容，只是感性知觉和智力直觉之间的界限或中间环节，是人类智力的过渡状态。感性知觉由于是以个别现象为对象的，因而它缺乏普遍性与必然性，不可能为我们提供普遍性的真理或观念。抽象思维虽然能摆脱感性知觉的统治，并以否定的态度对待它，但是，它还不能掌握有其充实完整的现实客观存在的观念，不能内在地和根本地与之结合在一起，而只能触及其皮毛，涉猎其外在形式。因此，它或者只能充当感性知觉的缩写，或者只能充当智力直觉的反映。由此可见，无论是感性知觉，还是抽象思维，都不能构成完整知识的形式，有资格充当这个角色的只有智力直觉。

智力直觉的最好例证是艺术创造，通过艺术创造可以比较清楚地了解智力直觉与其他两种形式的区别。艺术作品体现出来的观念形象既不是个别的和偶然的现实性的可观察现象的简单再现，也不是从这种现实性中抽象出来的一般观念。虽然观察和抽象概括都是形成艺术观念所必须的，但仅靠它们是不可能进行艺术创造的。因为艺术的观念和形象并不是观察和反思的复杂产物，而是需要内在完整性的智力目光才能获得的。抽象的理性和对现实的盲目模仿都是艺术作品的缺点。真正的艺术形象或艺术典型是完美的个性和完美的共性的内在结合，这种结合构成真正的智力直觉观念的本质特征或规定，这种观念既不同于只有共性的抽象概念，也不同于只有个性的个别现象。既然艺术的对象既不可能是外在观察可及的个别现象，又不是反思所得出的一般概念，那么很显然就只能是智力直觉或直观所见的整体观念。

作为完整知识第一形式的智力直觉虽然与艺术的智力直觉具有本质上的近似性，但二者并不是无差别的。艺术的对象是某个单独的观念，而不管它们和其余的所有观念的关系如何；而完整知识的对象则不是某一种观念，而是整个宇宙观念，即作为真正存在物之客观表现的、有着内在关系或相互作用的所有观念之集大成。由于观念之间的现实联系或者说观念宇宙的整体性，是由宇宙的绝对中心确定的，所以只有处在该中心的目光，才能直接观察到这种联系和整体性；对人类智力来说，对先验的关系只能得出第二性的、反思的和纯逻辑的认识，即认识它们的一般形式，换言之，我们只能通过和内在的东西类比的方法，才能认识先验关系。总之，完整知识的构成因素是接受智力直觉的观念，在这一点上，完整知识和艺术是相同的，但是，通过抽象思维实现这些观念的一般联系，则是完整知识与艺术的不同之处。

我们已经知道了完整知识的形式是智力直觉，但由于对观念的智力直觉不是人的日常状态，并且它毫不依赖于人的意志，因此，必然会产生下面的问题：是什么样的能动原因使人能够观察到实有的观念呢？我们自己显然不能先验地从自身获得任何关于某个他物的现实认识。我们对先验观念的现实认识（智力直觉），必定依赖于观念的或先验的存在物对我们的内在作用，这和我们关于外在现象的现实认识必定依赖于外在存在物或者说事物对我们的作用一样。为了使观念或现象的客观现实性得到确认，必须把一个或多个存在物本身同它的观念形式和实在形式区分开来。观念存在物对我们的作用，使我们产生智力直觉认识，即认识观念存在物的观念形式，这种作用被称作灵感。正是这种作用把我们引出我们通常所在的自然中心，把我们推上最高领域，从而使我们产生出狂热情绪。没有直觉灵感作基础，就不可能有任何客观的活动和任何客观的认识，不过直觉灵感的作用对不同的知识领域所具有的作用是有差别的，它们对作为完整知识的哲学来说，显然比对数学等具有更大的意义。

## 三、完整知识论的不足

在自己的完整知识论中，索洛维约夫认为，如果对象之间是完全独立的，那么它们的绝对存在就是人无法达到的。那样主体只能获得关于对象的外在的形式，他具有的知识也只是关于对象有条件存在的知识。但是，实际上索洛维约夫认为，人能获得关于对象的绝对存在的知识，因为认识者内在地同被认识者相联系，处于同它们的本质统一之中，这种统一表现在一种直接的信念中，人正是带着这种信念确信对象存在的。按照索洛维约夫的观点，在这种确信中，认识者是自由的，既不被经验事实所束缚，也不被纯粹的思维形式所束缚。在这种确信中，主体既不是作为经验上的感觉者起作用，也不是作为理性的思维者起作用，而是绝对的和自由的。他说道："这种信仰是我们摆脱一切的证据，同时又表现出了我们与一切内在的联系。"[17]

前面已经说过，索洛维约夫指出，在任何对象中，我们都能区分出下面三个方面：第一，它的实体存在或者内在的现实性——对象自身的本质，第二，它的一般本质，即普遍的和必然的规定和性质，它们构成存在的逻辑条件，第三，它的外在的、可见现实性，它的表现，即为他的存在。对象的自身存在，它的内在现实性只有被信仰和神秘的知觉才能确证，它适合于宗教原理，对象的可思维性属于哲学思辨，而它的表现或外在的现实性属于经验科学研究的对象。

---

17 转引自 Фараджев К.В.，《Владимир Соловьев: мифология образа》[M]，《Аграф》，2000，с.122.

在这里，我们可以区分出两种信仰概念：第一种是作为直接信念的信仰，人依靠它确信对象的绝对存在，并且证明我们摆脱一切同时又内在地同一切相联系；第二种是作为认识对象自身存在的能力的信仰。索洛维约夫写道："某个对象意思是指，某物要具有比我们对它的所有感觉多得多的唯一性，某物无论如何不能属于或者成为另一个对象的谓语，它完全是特殊的——即指'这个对象'。"[18]接着他解释道："对象的观念在多大程度上不依赖于我们局部的和偶然的感觉与我们理智的抽象作用，它自身的本质就在多大程度上被我们的智力所想象。"[19]在这种情况下，大概会出现将想象与信仰混同的结果。为了用某些客观对象来限制想象，索洛维约夫引进了对象的形式或它的一贯观念的概念，对象的一贯观念包含在我们精神的不可见的无意识深处，同时又是形而上学的，即处于我们的自然意识之外的主体对对象的关系之中。而"当我们的智力整理我们的感觉，即将预先存在于它里面的形式附加于感觉的时候，感觉自身就会倾向这一理想的形式。"[20]

在这里我们可以看到不同的概念之间的混淆。智力附加给感觉的"预先存在于自身中的形式"，同时又隐藏"在我们精神的不可见的无意识的深处"。这里索洛维约夫所谓的"智力"显然不是指理智，而是指人的精神的某种绝对能力，这种能力有时被称为信仰或神秘的知觉，有时被称为想象，有时被称为无意识，有时被称为主体对对象的形而上学的关系，有时干脆称为认识形式或对象的一贯观念的能力，这种形式隐藏在"我们精神的不可见的无意识的深处"，在这里，我们明显可以看出柏拉图思想的痕迹。

索洛维约夫试图发现认识者同认识对象之间的统一性，找到处于人的自然意识深处的本体联系。源于完整知识概念，信仰作为"对存在物的绝对存在的直接信念"，为一切人所具有，并且是将信仰发展为渗透在我们精神的不可见深处的能力的必要基础，而多亏在人的自然意识中的对象的本体形式同时被隐藏到了对象的深处。索洛维约夫对信仰概念的混淆也不是偶然的，因为在这个概念中隐藏了忽视宗教经验与人周围的现实之间二律背反的诱惑。

---

18 转引自 Фараджев К.В.，《Владимир Соловьев: мифология образа》[M]，《Аграф》，2000，c.124.

19 转引自 Фараджев К.В.，《Владимир Соловьев: мифология образа》[M]，《Аграф》，2000，c.124.

20 转引自 Фараджев К.В.，《Владимир Соловьев: мифология образа》[M]，《Аграф》，2000，c.124.

索洛维约夫说："我把现象理解为本质的可知性、它的对象性或为他物的存在；我把自在的存在物理解为该存在物本身，因为它不属于他物，即它自有其应有的现实性。由此直接得出这些范畴的相互关系，并且决不可能把其中的一个范畴完全强加给形而上学本质，而把另一个同样绝对地只赋予我们的现实经验世界，从而使这两大领域分离，使一者对另一者绝对格格不入。"[21]但是，如果"现象是本质的可知性"，而索洛维约夫所谓的"存在物"又是指"同样的本质，因为它不属于他物"，那么由此应该"直接得出"存在物本来的不可知性和不能将信仰作为整个先验的认识过程的完成阶段而包括在"三阶梯式的知识"过程中。

的确，通常的认识或"想象"如何才能转变为形而上学的认识或想象？"我们的常识和形而上学认识之间的差别，可能只是相对的和一定程度上的差别"。[22]这就意味着，将相对认识转变为绝对认识是可行的。上面提到的索洛维约夫对某些概念的混淆，其根源可能就包含在上述假设中。

别尔嘉耶夫虽然认为教义可以被内在经验体验到，但仍坚持这种经验不可避免的二律背反。他写道："索洛维约夫的哲学——神学的论文引起了苦恼和批评。在神秘主义中，理性主义的写作风格，矛盾的某种平庸化与钝化，令人不愉快。一切都太平坦，太顺利和公式化"。[23]接下来，他继续写道："但我们知道，存在着白天的与夜间的两个索洛维约夫"。在指出索洛维约夫的哲学学说不存在反常与二律背反时，他谈到了在哲学——神学纲要中，索洛维约夫掩盖了自己，而没有暴露——建立"玫瑰色的基督教"的想法。按照别尔嘉耶夫的意见，索洛维约夫的天才尤其表现在诗歌和"关于敌基督的小说"中，在它里面，这个世界的理智，理性主义的公式化，被丧失理智的先知战胜了。

在很多情况下，特鲁别茨科伊遵循着类似的看法，他说："在索洛维约夫身上，两个极端毗连着：他完全不能容忍缺乏神秘因素的常识，任何现象在

---

21 [俄]Вл.索洛维约夫，《西方哲学的危机》[M]，杭州，浙江人民出版社，2000，第231页，李树柏 译。

22 [俄]Вл.索洛维约夫，《西方哲学的危机》[M]，杭州，浙江人民出版社，2000，第231~232页，李树柏 译。

23 Н.Бердяев，《Проблема Востока и Запада в религиозном сознании Вл.Соловьева》[А]，стр.《О Владимире Соловьеве》——Томск: Издательство《Водолей》，1997，с.96.

日常经验中的普通认识，如果缺乏认识者同永恒的观念，即同神的本质自身的接触，对他来说，都是不可能的，另一方面，他又在自己的完整知识学说中认为，可以像推出几何定理那样由存在概念推出关于三位一体的学说……在两种情况下，我们同样忘记了两个世界的界限，这个界限在两个方面被破坏了；因为由现实世界可以上升到神秘世界，而神秘世界也经常被解释为现实世界……"。[24]

对于类似的责备，还可以提到布尔加科夫关于思辨认识与形而上学认识之间的比较的观点。他指出，个性上帝的概念在索洛维约夫的形而上学中是中心概念，它纯粹是在完全独立于启示的情况下用思辨的方法获得的，尽管它必须与启示相结合。有趣的是，后来在"宗教的先验问题"一文中，他写道："教义……在他的抽象的议论中，处在高于逻辑思维的地位……它是表现在概念中的公式……因此进入思维中的教义，对他来说，是先验的……不是思维的结论和产物。教义……是不需要逻辑讨论的"。[25]应该说，布尔加科夫在他生命的最后阶段匆忙研究了神学，而不是纯粹的神智学，这与他承认宗教经验的二律背反不无关系。

---

24 转引自 Фараджев К.В.，《Владимир Соловьев：мифология образа》[M]，《Аграф》，2000，c.128.

25 转引自 Фараджев К.В.，《Владимир Соловьев：мифология образа》[M]，《Аграф》，2000，c.129.

# 第四章　神人论

## 第一节　神人关系

### 一、古代东西方两种文化对神人关系的不同看法

　　索洛维约夫认为，对于神人关系问题，东西方文化从一开始就表现出了对立倾向，并且这种对立倾向构成了两种文化的基础。"东方文化的基础是人服从于全部超人力量；西方文化的基础是人的自主性。"[1]东方不承认人自身之中的完善，而是寻求完善的神；西方则因相信和崇拜人的因素而寻求完善的人，否认神的完善性。东方文明因此表现出如下特点：在政治和社会生活领域，东方民族精神培育出了族长集权制，它的最纯粹表现是东方的神权政治；在心灵方面，最高力量的侍奉者享有特权，在此宗教兴趣占绝对优势，思维和认识都受到神智学观念的束缚；在美术和农、医方面也都如此，它们都具有宗教礼仪的性质，完全从属于宗教。其中农业活动是礼拜仪式，医生都是祭司，美术集中于寺庙之中，和魔法礼仪结合在一起，成为这一系列宗教创造活动或法术的补充。"这样，无论在社会生活中，还是在思维和艺术中，一切都是为神灵服务的，纯粹的人的力量完全具有从属的和消极的意义。"[2]西方则表现出了完全不同的情况。希腊人和罗马人的社会生活是由公民自治决定的，这些公民的物质保障来自奴隶和半奴隶。这里的心灵活动和艺术创造获

---

1　[俄]Вл 索洛维约夫，《俄罗斯与欧洲》[M]，石家庄，河北教育出版社，2002，第10页，徐凤林 译。

2　[俄]Вл 索洛维约夫，《俄罗斯与欧洲》[M]，石家庄，河北教育出版社，2002，第11页，徐凤林 译。

得了完全摆脱宗教的自由；希腊天才们给人们提供的不是东方的通灵术和法术，而是纯粹的哲学和纯粹的艺术。这里没有神的位置，处处遇到的都是人的因素的独立性。

在索洛维约夫看来，古代东方人虽然从属超人的力量，然而，他们并不知道这种力量是什么，这种力量对于他们是奥秘，于是他们不得不寻求着答案——真正的上帝。这种寻求决定了东方文明的一般进程。这一进程的最初阶段即自然宗教——多神教阶段。这一阶段的东方人带着巨大的恐惧崇拜和侍奉着自然诸神。关于这一点，可以举出印度供奉怪物的神庙、埃及的地下诸神、流血的札格纳特大车以及载着疯狂的自阉者的弗利季亚神母车等历史遗存与传说作为证明。然而，自然诸神除了给人自然生命之福与祸之外，并不能给人任何东西，于是，他们开始摆脱诸神，这个摆脱外部自然和物质诸神的伟大行动，是人类精神的第一次觉醒，它在印度的佛教里彻底被完成。但印度宗教思想中已隐藏着分化和矛盾，即如果只承认绝对无限的灵性，那么，自然现有的多样性存在就是与这个统一的绝对灵性相对立的，只有意识才能超越现有的自然存在。我们可以认为这种现有的自然存在是虚幻与欺骗，但这并不意味着它根本不存在，而仅仅意味着，它是某种卑微的存在，是不应当存在的东西，是恶。与恶相对立的真的、超自然的本原就是善。这样，超存在的真理与虚假存在之间的思辨的、形而上学的对立，就被代之以善恶之间的伦理道德的对立。在这一对立中，人只能跟从其中之一者，分有它们的命运。这种观点构成了曾德人宗教和全部伊朗文化的基础，也或多或少地影响了前亚细亚的各种文明。由于善神是拯救力量，它的胜利是全体的生，如果这个胜利是完全的，那么它应当给予全体以永生。这就构成了埃及宗教与文化的基础。对于埃及人来说，作为善神的表现是生命，因此，他们尽心竭力地热爱生命，把死当作主要烦恼。埃及的神具有活的方面的积极可能性，具有永恒的天性，这是生命和发展的要素。埃及神所拥有的天性具有女性特点，所以它能在永恒的诞生中揭示自身，并发展成为彼此具有生命联系的三个神。埃及人通过艺术和农业来使生命获得对死亡的胜利。前者可以赋予物质以永恒的理念形式，后者按照固定不变的方式从死的土地中生产出活的、被赋予了生命的植物。但由于在理念的形式中没有真实的生命，而农业给生命带来的胜利又是不完全的和不牢固的，因而埃及人实际上没有办法做到使生命永恒存在，于是他们只好期待着生命的普遍复活或"万物复兴"。

古代西方文明的进程则呈现出完全不同的样式。它发端于希腊，发展于罗马。希腊不满足于埃及的宗教艺术，它创造了自由的人的艺术。当东方的创造完全是侍奉诸神的时候，在希腊，诸神本身则是诗人的作品。希腊人不仅在自由的艺术中表现了人的因素的力量，而且创造了自由的哲学。自由人的能量因素使希腊抵御住了波斯入侵，产生了古典文化的辉煌；但这种能量无力反抗内部的恶。人的艺术只能装饰生命，却不能重建生命，因此它无力反抗内部的恶，无法阻止由这种恶造成的希腊城邦社会生活的压迫与纷争。哲学也是如此，它只是推理，没有宣布改善生活的任何实践原则。无论艺术还是哲学，都只是暂时地摆脱了恶的生命，而没有触动这种生命之恶的基础——人的意愿。作为艺术家的人和作为思想家的人需要具有坚强意志和实践理性的人来帮助。古代西方文明在罗马找到了这样的人。人的意志是法律的本原，这就是罗马的思想。意志要成为法律，这个意志就应当是一个，因为多个意志处于相互矛盾之中。这个意志不知道任何高于自身的东西，它以自己为法，它就是人本身。正因为如此，"所以以人的因素为基础的古典文化在对人本身的神化中，在对皇帝的颂扬中达到了自己的完满表现。"[3]这种神化在恺撒大帝那里达到了顶峰。

尽管古代东西方在其历史进程中对待神与人的关系的态度不同，前者重神轻人，后者重人轻神，但它们在割裂神人之间的联系这一点上却是一致的。这使得它们都无法将自己的思想贯彻到底。东方神的力量只是体现在水、火、雷电、动物肉体和人的形象中，所以它们在完成自己的修行之后就随着具体事物的消亡而消失了，身后只留下童话般的回忆。在人之中寻求完善的西方世界把人神化，却在人身上看到了疯狂的野兽。于是，无论东西方都产生了将神与人结合起来的要求，东方需要使神性真正地人性化，西方则需要把人本身与活上帝的真正完善性结合起来。"西方的虚假的人神——恺撒，和东方神话中的神人，都同样呼唤真正的神人。"[4]这一历史任务落到了基督教的身上。

---

3 [俄]Вл.索洛维约夫，《俄罗斯与欧洲》[M]，石家庄，河北教育出版社，2002，第17页，徐凤林 译。

4 [俄]Вл.索洛维约夫，《俄罗斯与欧洲》[M]，石家庄，河北教育出版社，2002，第19页，徐凤林 译。

## 二、基督教的神人观

神与人之间的真正结合在基督教中实现了。"基督教是完善的神在完善的人中的启示。"[5]基督教关于神人关系的观点主要集中在如何看待耶稣基督的神人性特征上。基督教认为，耶稣基督不仅具有神性，而且具有人性，他兼有神人二性于一身。

耶稣基督具有神圣性，主要表现在以下几个方面：第一，他是神的儿子。在旧约中，"神的儿子是指一切属于上帝的人"。在新约中，使徒保罗也曾用"神的儿子"来称谓耶稣和他的信徒，而信徒正是因为基督才成为上帝的"子嗣"的（罗马书8：17）。约翰也说："因为上帝差他的儿子降世，不是要定世人的罪，乃是要叫世人因他得救。"（约翰福音3：17）耶稣在世的时候不断强调他来到世界是他父神的意思，"我从天上降下来，不是要按自己的意思行，乃是要按那差我来者的意思行。"（约翰福音6：38）不过基督作为神的儿子的地位与普通信徒作为神的儿子有差别。第二，耶稣基督是主。在基督教里，"主"与上帝具有同等地位，当耶稣诞生时，天使就称他为主："因今天在大卫的城里，为你们生了救主，就是主基督"（路加福音2：11）。在耶稣复活后，多马说："我的主，我的上帝"（约翰福音20：28）。使徒保罗曾引述一位不知名的作者的诗句说："叫一切在天上的，地上的和地下的，因耶稣的名，无不屈膝，无不口称耶稣基督为主，使荣耀归与父神。"（《腓立比书》2：10～11）这句诗引用了先知以赛亚的一句话："我是公义的神，又是救主，除了我以外，再没有别神。"（以赛亚书45：22～23）作者把它转移到耶稣身上，显然是认为耶稣就是主。第三，耶稣启示上帝。耶稣的神圣性离不开它的启示性。耶稣向人启示上帝，是它的一个基本的作用。上帝"临在"于耶稣的身体中，用一种特殊的方法通过它把自我启示给世人。上帝本身是不能直接向世人说话与作为的，它必须通过耶稣才能做到这一点，世人只有通过耶稣才能了解上帝的旨意。因此，耶稣是上帝与人之间的媒介。所以，约翰说："耶稣对他（腓利）说，……人看见了我，就是看见了父……"（约翰福音14：9）

耶稣的人性主要表现在他亦是由凡人所生，具有与常人一样的生理需求与感情特征。耶稣为童贞女马利亚所生，尽管他的出生与常人有所区别，但

---

5　[俄]Вл 索洛维约夫，《俄罗斯与欧洲》[M]，石家庄，河北教育出版社，2002，第19页，徐凤林 译。

也是通过十月怀胎的。圣经记载约瑟带着怀孕的马利亚回到伯利恒报名上册时，"马利亚的身孕已经重了……产期到了"（路加福音 2：5～6）。耶稣在生下来的第八天接受了割礼，证明他的生理构造与普通男孩无异。耶稣的成长过程也与普通孩子没有区别，在《路加福音》里，有两次提到耶稣的身体发育正常。一次是他头一回到耶路撒冷受割礼之后，"渐渐长大，强健起来……"（路加福音 2：40）；另一次是在他 12 岁再从耶路撒冷回拿撒勒之后，"耶稣的智慧和身量……都一齐增长"（路加福音 2：52）。不仅如此，耶稣也具有和普通人一样的生理需求，不吃饭他也会感到饥饿，不喝水也会感到口渴，长途旅行也会感到疲劳。当耶稣在旷野受魔鬼的试探时，"他禁食四十昼夜，后来就饿了"（马太福音 4：1～2）。耶稣从犹太走到加利利经过撒玛利亚的叙加城时，他很困乏，感到口渴，曾向撒玛利亚妇人要水喝（约翰福音 4：3～7）。耶稣不仅具有与常人一样的生理特征，而且拥有常人一样的种种感情。耶稣多次提到他心中的这种感情（约翰福音 15：11；17：13），在迦拿的婚宴上，他以水变酒供应客人，以使气氛热烈，好与大家一块分享这种喜庆的感觉（约翰福音 2：1～11）。耶稣会因人的错误而愤怒（马可福音 3：5；10：14）。最能证明他具有人的感情的一件事，就是当他所爱的马大和马利亚的兄弟死了，他因为众人的伤心"就心里悲叹，又甚忧愁"，并且"哭了"（约翰福音 11：33～38）。在自己受难之前，他"惊恐起来，极其难过……心里甚是忧伤，几乎要死"（马可福音 14：32～36）。这里最典型地反映出了耶稣的真实人性，在生死存亡的紧急关头，刹那间的恐惧与难过，可以说是人之常情，耶稣并没有例外，由此可见他的人性一面。

基督的神人性特征是由基督教的使命决定的。因为基督教的使命是拯救人类于罪恶之中，恢复与上帝的和好关系，因此，这个救赎的任务只能通过一个具有完全神性与完全人性的救赎者才能完成。神性在这里是比较容易理解的，没有神性，救赎就成了人自我拯救的行为，这不符合基督教的精神；没有人性，人与上帝之间就隔了一道无法逾越的鸿沟，耶稣就不能体会人经历的苦罪与引诱，就不会理解人的遭遇，当然就无法替人承担罪过。

## 三、索洛维约夫的神人思想与基督教的神人思想之间的异同

索洛维约夫无疑继承了基督教关于神人之间关系的基本思想，也主张神与人之间不存在绝对不可逾越的鸿沟。人具有神性，"绝对的神的原则与人的

个性之间自由的、内在的联系之所以可能，只是因为人的这个个性自身有绝对的意义。人的个性自由地、内在地与神的原则相连，只是因为人的个性自身在一定的意义上是神性的，或准确地说，参与神。"[6]正因为如此，"这样，对自己的信仰，对人的个性的信仰，同时就是对上帝的信仰，因为神性同属于人和神，区别只在于，神性在上帝那里是永恒的现实，而人只能达到它、获得它，在此，神性之于人只是可能性，只是渴望。"[7]同时，神也具有人性，关于这一点，索洛维约夫同样以基督教的"道成肉身"思想为根据。为此，他还驳斥了两种对上帝的错误理解，一种是把上帝仅仅理解成个别的存在物，在世界和人之外的某个地方永恒地存在着，另一种是把上帝理解为只是世界现象的普遍实体，是普遍的"一切"，而人只是这些现象中的一个。他认为，按照这两种理解，化身都是不可能的。化身之所以可能，是因为"作为各种限制的总体世界，处在上帝之外（在自己的这些限制之中），是物质的世界，同时还以自己内在的生命或灵魂实质地与上帝相连，……"[8]"因此，……上帝的化身不是本义上的神奇事情，不是与存在的普遍秩序格格不入的事情，相反，是实实在在地与世界和人类的整个历史相关联的事情，是某种被准备了的，逻辑上从这个历史里导出的事件。"[9]不仅如此，索洛维约夫还探讨了上帝化身为人的方式问题，即关于神的原则和自然人类的原则在神人个性中的关系和相互作用问题。这样的关系与相互作用主要表现为以下三点："第一，为了使神的原则与自然原则的一致性在人身上成为现实，神的原则必须在个体的人身上体现，否则只是上帝与自然人的现实的或理想的相互作用，而不会有新的精神的人；为了神和自然界的实际结合，必须有一个个体，在他身上发生这个结合。第二，要使这个结合成为两个原则的实际结合，这两个原则必须现实地存在，这个个体必须是上帝和真实的自然人，这两个本质都是必须的。第三，要使两个本质以神人的个性方式的结合是自由的精神行为，

---

6　[俄]Вл.索洛维约夫，《神人类讲座》[M]，北京，华夏出版社，1999，第17页，张百春 译。

7　[俄]Вл.索洛维约夫，《神人类讲座》[M]，北京，华夏出版社，1999，第23页，张百春 译。

8　[俄]Вл.索洛维约夫，《神人类讲座》[M]，北京，华夏出版社，1999，第163页，张百春 译。

9　[俄]Вл.索洛维约夫，《神人类讲座》[M]，北京，华夏出版社，1999，第163页，张百春 译。

在这个结合里必须有人的意志的参与，它区别于神的意志，并通过放弃与神的意志的可能冲突，自由地服从神的意志，使得人的本质与神达到完整的内在一致。"[10]索洛维约夫神人思想与基督教神人思想之间也存在着差异，主要表现为以下几点：

第一，他们虽然都认为神性与人性可以结合在一起，但对这种结合中人的范围却有着不同的规定。基督教认为能够与神性相结合的人只是耶稣基督一个人，其他所有的人都不能与神性相结合。虽然在旧约中，神的儿子可以包括一切属于上帝的人，使徒保罗也曾用"神的儿子"这个称谓泛指耶稣与他的信徒，但基督教还是认为耶稣作为神的儿子与一般信徒作为神的儿子是有区别的。不仅他们认为信徒是籍耶稣而成为上帝"子嗣"的（罗马书 8：17），而且在约翰福音中，耶稣被称为神的儿子时，用的希腊词是"huios"，而一般信徒被称为神的子女时，用的希腊词是"tekna"。这种区别显然不同于普通人之间的区别，只能是是否具有神性的区别。正因为如此，普通人不能自我拯救，必须依靠基督的帮助才能赎罪。上帝的启示只有通过基督才能传达给世人，在上帝与世人之间必需基督作为桥梁与纽带。而索洛维约夫则认为，任何人都具有潜在的神性，"人的个性，不是一般意义上的人的个性，不是抽象的概念，而是现实的、活生生的个人，每一个个别的人都有绝对的、神性的意义。"[11]为了说明这一点，他认为必须将人本身的物质存在与其所要实现的内容区别开来，人的绝对性与神性意义主要在于后者。"是的，人和世界的生命是自然的过程；是的，这个生命是现象的更替，是自然力量的角逐；但是这场角逐的前提是要有角逐的主体以及角逐的内容，即要有绝对的个性和生命的绝对的内容，或者理念。"[12]

第二，他们虽然都是以拯救人类为目的，但拯救的具体含义却不完全一样。基督教救赎的目的只是帮助人去掉原罪，实现人与上帝之间的和解，恢复人与上帝之间的和谐关系。由于在基督教那里，普通人不具有神性，因此，救赎行为必须依靠基督才能完成。索洛维约夫的目的是要实现所谓的神人类

---

10　[俄]Вл.索洛维约夫，《神人类讲座》[M]，北京，华夏出版社，1999，第 164~165 页，张百春 译。

11　[俄]Вл.索洛维约夫，《神人类讲座》[M]，北京，华夏出版社，1999，第 17 页，张百春 译。

12　[俄]Вл.索洛维约夫，《神人类讲座》[M]，北京，华夏出版社，1999，第 28 页，张百春 译。

社会，或者说神权政治社会，这一目的是通过神的原则与人的原则（世界灵魂）之间的结合来达到的，并认为它们之间的结合过程就是使每一个人都成为神人的过程。因此，他所说的神人类社会，是指由所有的人所构成的，即在该社会里，每一个人都是神人。他在说明基督教与它之前的文明在神与人的关系问题上的区别时，认为，基督教之前的文明在这个问题上达到的结果是神人，即接受了人的本性的上帝，而基督教达到的结果则是人——神，即接受了神性的人。然后他又进一步发挥道："但因为人只能在自己的绝对完整性里接受神，即与所有的人一起，那么，人——神必须是集体的和普遍的，即是全人类，或普世教会，神人是个性的，人神是普遍的。"[13]人神无疑具有永恒性，在谈到这一点时，索洛维约夫更为明确的说道："所以，当我说人类的永恒性时，就是暗指构成人类的每一个个体的永恒性。没有这个永恒性，人类自身就是虚幻的。"[14]

第三，两者的救赎方式也存在着差别。基督教拯救人类主要是通过耶稣的死与复活实现的，之所以如此，就是因为普通人缺乏神性，无法自我拯救，只能被动地等待耶稣的到来。索洛维约夫所设想的拯救方式，是上帝通过一系列阶段的启示，最终使人认识到必须与神的原则结合，回到神的怀抱，才能摆脱恶与痛苦。因此，这实际上更多的是人的自我拯救，人在这个过程中必须具有主动性。"拯救之路，实现真正的平等、真正的自由和博爱之路在于自我否定。但是要自我否定必须先自我肯定：为了放弃自己片面的意志，首先必须拥有它；"[15]而这一方式之所以可行，关键在于人自身本来就包含着神性因素。

# 第二节　什么是人

## 一、人是绝对的、永恒的存在物

索洛维约夫认为人具有神性，但对于神性的来源则与基督教的看法不同，

---

13 [俄]Вл.索洛维约夫，《神人类讲座》[M]，北京，华夏出版社，1999，第177页，张百春 译。

14 [俄]Вл.索洛维约夫，《神人类讲座》[M]，北京，华夏出版社，1999，第124页，张百春 译。

15 [俄]Вл.索洛维约夫，《神人类讲座》[M]，北京，华夏出版社，1999，第10页，张百春 译。

基督教认为神性来自于上帝，耶稣具有神性是因为他是上帝的儿子，索洛维约夫则把人的神性来源归结为人的个性的绝对性，即认为人的神性不是外在于人的东西，而是内在地根植于人的个性之中。因此，在他这里，人的神性实际上就等于人的个性的绝对性。

他的"人的个性的绝对性"概念同其他类似的概念如无限性、无条件性一样，有两方面的意义：否定意义和肯定意义。"否定的绝对性无疑属于人的个性，指的是超越任何有限内容的能力，不停留、不满足于有限内容而要求更多东西的能力，如诗人所说的'寻找难以名状的、无限的幸福'的能力。"[16] "肯定的绝对性就是指获得完整的现实和完整的生命。"[17]否定的绝对性是肯定的绝对性的前提，因为对完整性的要求只有通过不断超越任何有限内容才能达到；同样，没有肯定的绝对性，否定的绝对性没有任何意义。

由于他的这个观点有可能遭到最一般意义上的反驳，比如，人们可能会问：生命是必然的、自然的过程，它在一切方面都是被决定的，在物质上是有依赖性的，完全是相对的，它怎么会有绝对的内容呢？为此，索洛维约夫比较详细的分析了人的生命过程的物质基础，通过这一分析，说明人的生命过程的物质基础与它所要表达的内容是不一样的。"事实上，如果在我们的语言和动作里我们应该把它们的内容，即它们所要表达的东西与它们的机制区分开，即与这个运动的物质工具和表达方式区分开，那么相对于我们的思想我们也应该做这样的区分，对思想来说，运动的大脑粒子代表的也是一种机制，如同发音器官是我们的语言机制一样（语言只不过是从大脑组织里转变到发音器官上的思想）。"[18]这样的内容自身独立于所有的这些物质条件，因此是绝对的，我们一般称它们为理念。

由以上分析可以看出，索洛维约夫实际上将人的个性区分为两个方面：一方面，作为自然现象的人的个性，它服从外部条件，并且在自己的行为和感受方面都受外部条件所决定。这样的个性行为和感受的性质被称为个性的经验特性。另一方面，每一个人的个性在自身中都包含着某种绝对独

16 [俄]Bл.索洛维约夫，《神人类讲座》[M]，北京，华夏出版社，1999，第17页，张百春 译。

17 [俄]Bл.索洛维约夫，《神人类讲座》[M]，北京，华夏出版社，1999，第18页，张百春 译。

18 [俄]Bл.索洛维约夫，《神人类讲座》[M]，北京，华夏出版社，1999，第26~27页，张百春 译。

特的、完全不被外在地决定的、不受任何形式制约的东西。正是它构成了这个存在物的自身实质、独特的个性内容或独特的个性理念，这个理念在一切方面都决定着该存在物的实质意义。很显然，人的个性的绝对性与神性意义不可能存在于第一方面的人的个性之中，而只能存在于第二方面的人的个性之中。

　　既然人的个性具有绝对性的意义，那它就一定具有永恒性的意义。所以，索洛维约夫必须对人的永恒性加以说明。他认为，作为现象的人是时间性的，因而是暂时的事实，作为实质的人或理想的人，必须是永恒的和无所不包的。这种永恒性主要表现为，他是一切人的普遍本质，在自身里真实地包含着所有的个体的人，我们每一个人，每一个人的存在物都确实地和实际地参与并根植于普遍的或绝对的人里。由于每一个个体的人都具有永恒性，因而由他们组成的整个人类自然也具有永恒性。

　　人的永恒问题必然与人的永生和人的自由两个问题逻辑相关，因而对前者的承认必然要导致对后面两者的说明。索洛维约夫认为，作为生活在时间里的现象的人，他的存在一定会随着身体的死亡而结束，在这种情况下，确认人的永恒性，自然是假定了作为永恒的、理念的人在身体死亡之后继续存在。但这样就必须逻辑地承认，人不仅死后存在，而且在生前也存在，因为理念的本质就其概念而言不属于我们的时间形式，时间形式只是现象的形式。索洛维约夫似乎并没有像有些哲学家那样大谈人的自由问题，他对自由问题的论述是与说明人类或世界灵魂是如何与作为一切统一的上帝分离然后又如何恢复统一这个问题联系在一起的。他认为，人类就是由于自己的自由意志把自己与一切他者对立起来而与上帝分裂的，他称这种状态为"恶"。整个世界运动的目的就是要消除这种分裂状态，让神的原则重新与世界灵魂结合起来，但这是一个逐渐的和复杂的过程。在这里人们可能提出的一个问题是：为什么这个结合不是一次性地在神的创造的一个行为里实现？为什么自然界应该体验产生的痛苦？为什么上帝让自然界如此缓慢地达到自己的目的？对此，索洛维约夫的回答是，因为自由。既然世界灵魂是因自己的自由行为而同上帝分离的，那么，它仍然应该依靠长长的一系列自由行为，与自身、与上帝和解，并在绝对有机体的形式之中恢复自己。因为"如果一切存在着的事物（在自然界或在世界灵魂里）都应该与上帝结合，而这就是一切存在的目的，那么，这个统一要成为实在的统一，显然就应该是双方的，即这个统一不仅应该从上帝这方面来，而且还要从自然界方面来，成为自然界自己的事业。"[19]但一切统一不可能在一个直接的行为里成为自然界的事业，因为自然界已经与上帝分离了，一切统一在自然界里现在只是纯粹的渴望，最初完全是不定的和空洞的。由于一切都在统一之外，只有靠自己的渴望才能过渡到统一那里，并且这个过渡只能是逐渐的，因为最初世界灵魂完全不知道一切统一，它是无意识地渴望着一切统一的，它对一切统一的渴望就像是对某个他者的渴望一样。这个他者的内容对它而言是某种完全异己的、陌生的东西，"所以，假如这个内容，即一切统一，一次性地完全地传递给它，那么这对它来说，只是个外在的事实，是某种灾难性的和强迫的东西；为了作为自由的理念而拥有这个内容，世界灵魂自己应该掌握它，即由自己的不定性和空洞性向越来越完整而确定的一切统一过渡。"[20]正是这一点构成了世界过程的基础。这也就是说，自由不仅是造成人类或世界灵魂同上帝分离的原因，也是恢复它们之间的统一与结合的关键。

人的个性所包含的两个方面的内容使得他在真正存在物的普遍联系中具有特殊的意义，他成了神的世界和自然的世界之间的联系环节。上帝为了真正地和现实地存在，应该表现自己和自己的存在，即在他者中发生作用，由此就断定了这个他者存在的必要性；同时又因为上帝是永恒的，那么这个他者也应该被认为是永恒的。这个他者对上帝而言不是绝对的他者，而是上帝自己的表现和显现。这个他者就是理想的人类，索洛维约夫给这样的人类一个专门的称呼——索菲亚，它是神的有机体的必然的实现和存放处，是神的作用的现实对象。可以说，没有它上帝就无法发挥自己的作用，从这里可以看出，索洛维约夫对人的地位的重视。

## 二、人的堕落

索洛维约夫继承了柏拉图的两个世界的思想，不同的是他将理念世界换成了神的世界。"被正确地发展了的关于理念的学说，向我们指明了神的原则的客观实质，或者指明了神的原则之存在的独特的形而上学领域，这个领域

---

19　[俄]Вл.索洛维约夫，《神人类讲座》[M]，北京，华夏出版社，1999，第145页，张百春 译。

20　[俄]Вл.索洛维约夫，《神人类讲座》[M]，北京，华夏出版社，1999，第145页，张百春 译。

不依赖于现象自然世界，尽管与它相关。"[21]他认为，在神的或理念的世界里，一切事物都处于内在的本质的统一之中，人当然也不例外。关于人与神的统一思想，在他的两个统一思想中表现得比较透彻。他在神的完整实质里区分出两个统一：神的言（逻各斯）的起作用的或产生的统一与被产生的、被实现的统一。后一种统一实际上就是指作为理念的人类的统一，他又称它为索菲亚或世界灵魂。在神的世界里，世界灵魂服从于神的原则，把神的原则当作自己生命意志的唯一对象，当作自己存在的绝对目的和中心，它自身被神的一切统一所渗透。正因为如此，它才能发挥它的中介作用，把神的原则贯彻在一切被造物里，借助于它所固有的神的力量把众多存在物联结起来，并使它们服从自己。"作为神的原则的实现，作为神的原则的形象和样式，原初的人类或世界灵魂，同时是统一和一切。"[22]"因为世界灵魂被神所拥有，所以世界灵魂自己拥有一切，因为在神里一切都在统一之中。"[23]然而，现实的自然世界却与之相差甚远，在这里，一切统一被相互分裂与对立取代了，神的原则被利己主义的原则取代了，一切都陷于混乱与分散状态之中。每一个单一的存在物，每一个元素为所有其他元素排斥或排挤，它自己对这个外在作用也进行抵抗，因而它占据着一定的位置，并渴望完全地为自己保住这个位置，于是表现出自己的惰性和不可透性的力量。

这里一个明显的问题是，为什么会存在这样两个世界的差别？如果说神的世界是一切统一的，那自然世界显然不属于神的世界，是与神的世界相脱离的，为什么自然世界会脱离神的怀抱？它是怎样脱离的？对此，索洛维约夫的回答是：因为世界灵魂在自身中拥有独立的作用原则或意志，借此它摆脱了神的原则的统治。于是，它丧失了作为神与被造物之间中介的地位。当世界灵魂不再联结一切时，一切就丧失了自己的普遍联系，世界的统一体就分化为众多的个别元素，世界有机体就成了原子的机械组合，就成为上面所描述的样子。然而在实质上是一切统一的原则的神，却利用分裂存在的这个否定行为发挥自己积极的反作用，显示自己联合的力量，首先在外部规律的

---

21 [俄]Вл.索洛维约夫，《神人类讲座》[M]，北京，华夏出版社，1999，第56页，张百春 译。

22 [俄]Вл.索洛维约夫，《神人类讲座》[M]，北京，华夏出版社，1999，第136页，张百春 译。

23 [俄]Вл.索洛维约夫，《神人类讲座》[M]，北京，华夏出版社，1999，第137页，张百春 译。

形式里，然后在绝对有机体的形式里或内在的一切统一的形式里，逐渐地实现这些分裂元素的新的肯定的联合。这一过程也就是在自然世界里实现神的原则的过程，也就是使世界灵魂重新与神的原则相结合的过程，索洛维约夫称它为世界过程。这一过程的第一阶段是宇宙进化阶段，即在人的意识出现之前的自然界的发展阶段，这一阶段结束于人类意识的出现。人具有不同于其他存在物的主要特点是，他拥有个性的绝对性或精神自由，拥有认识整个存在着的事物的理性或内在联系和意义的能力，因此，人在理念里是一切，在这个意义上，人是第二个一切统一，是神的形式和样式，是上帝和物质存在的自然中介。正是由于人具有这一特性，所以，他不仅拥有像神那样内在的生命实质，即一切统一，而且他还自由地希望像上帝那样地拥有之，即希望从自己出发拥有之。当初，人是从上帝那里获得这个本质的，但人（或世界灵魂）由于自己的无限性而不满足于这个被动的统一，他想从自身出发拥有神的本质，想自己掌握它或控制它。于是，人独立于上帝，在上帝之外肯定自己，在自己的意识里人远离上帝或与它分离，就如同世界灵魂一开始在自己的整个存在里与上帝分离一样。人一旦脱离了神的原则就会陷入物质原则的统治，他自己就仅仅成了一个事实，他不再是自然世界的统治中心，而是成了众多的自然存在物中的一个。以前由于人服从神的原则的统治，并将神的原则贯彻到自然世界里，因而自然世界也服从他的统治，受他支配。现在情况则完全不同了，人在自身中肯定自己，把自己的灵魂向一切关闭，人在异己的、敌对的世界里找到了自己，这个世界已经不再用他所能理解的语言对他说话了，也不再理解他的话了，不再听他的话了。如果说恶的原则在宇宙过程中被外在地克服了，那么现在它又重以新的形式出现，表现为有意识的个体的自由行为，成为人所遵循的原则。人的这种状态实际上就是索洛维约夫所一直批评的西方文明的一个重要特征，改变人的这种生存状态，让人回归神的怀抱，也一直是包括索洛维约夫在内的所有有识思想家的目的。

## 三、人的拯救

如何拯救人与人类，可以说是索洛维约夫毕生思考的问题，也是他的宗教哲学思想的最终指向。索洛维约夫认为，既然人是由于自己的精神的自由行为而堕落的，即在某种意义上说是自甘堕落的，那么对他的拯救依然要依靠他的这种精神的自主性，或者说个性的绝对性。拯救的主体当然是上帝，但拯救行为并不是简单的、可以一次性完成的，而是一个复杂的过程。这一过程实际上就是人类的历史过程。"人类自我意识的解放，通过对神的原则的内在接受和发展而逐渐地使人被精神所充满，这就是人类历史过程。"[24]这个过程的最初推动者是三个伟大的古代民族：印度民族、希腊民族和犹太民族。

索洛维约夫认为，神的原则可以用三种方式来作用于远离它的、并在恶的意志里肯定自己的人的原则。第一种方式是用外在的镇压手段。如在星辰崇拜时代，世界统一以星体的形式向人类的自然意识显现，而神的原则被作为暴烈的统治者来崇拜，这个统治者要求人对它的绝对服从。而人对它的服从，完全不是自愿的，而是屈于它的淫威。但这种方式只能镇压恶的意志的表现，而不能镇压恶的意志本身，因为它是内在的主观力量，不可能用任何外在的作用来消除。第二种方式是启发作用。我们可以在古代世界的有文化的民族（如印度）发展的最高峰时期发现这种作用。所谓启发，就是神的逻各斯把人的灵魂从它的实际现实里抽象出来，把这个实际现实当作客体，并向灵魂展示这个实际现实的物质存在的虚幻性，展示实际现实的自然意志之恶，然后向灵魂启示另外的、与理性一致的存在真理。这个作用之所以可能，是因为人的灵魂是某种比自己的给定的事实状态更多的东西。它除了存在于给定的事实状态里之外，还存在于潜在状态里。如果它在人的给定的事实状态里是非理性的原则，是盲目的自我肯定的力量，在潜在状态里，它则是理性的原则，是与一切达到内在统一的渴望。如果在外在的压迫作用中，神的逻各斯对于人的灵魂的非理性原则，是力量对力量，那么，它在唤起人的理性潜力后，就可以在这个潜力里作为理性或内在的道而起作用。启发作用虽然比第一种作用更内在，但同样存在着问题。意识到作为直观中的客体的实际现实是虚无，并不意味着使该客体在存在上是虚无，也不意味着在事实上消灭了这个实际现实。抽象的理念不可能克服或改变拒绝它的个性生命意志，因为后者是现实的力量。第三种方式是自己向灵魂显现为个性的力量，渗透到灵魂里并控制它，即神的原则必须不仅从外部作用于灵魂，而是在灵魂里产生，不去局限灵魂，不去启发灵魂，而是使之再生。这是全面的、完整的方式，是上帝在人类历史过程中采用的最终方式。这一方式的依据在于，灵魂只有在众多的个性灵魂里才能现实地显现在自然人类里，因此，神的原则

---

24 [俄]Вл.索洛维约夫，《神人类讲座》[M]，北京，华夏出版社，1999，第153页，张百春 译。

与灵魂的实际结合必须有个性的形式，也就是说，神的原则应该作为实在的、个性的人而产生。例如，在物质世界里，神的统一原则最初是作为引力显现的，这个引力通过盲目的吸引联结物体，然后，神的统一原则作为光的力量显现，表现为物体相互间的性质，最后，神的统一原则作为有机生命的力量显现，在这里，神的统一原则渗透到物质里，经过长长的一系列变化，产生了人的完善的物理机体；同样，在此后的过程里，神的统一原则最初以精神吸引的力量把个别的存在物联结为一个统一的类，然后用理性的理想之光启发这些个别的存在物，最后渗透到灵魂的深处，与之具体地、有机地结合，产生出一个新的精神的人。

索洛维约夫认为，在人类历史中，神的原则的任何显现都是由它的显现发生在其中的那个民族特性所决定的，也就是说，它的显现受到发生在其中的那个民族的特性所制约。于是，神的原则在印度显现为涅磐，在希腊显现为理念和理想的宇宙，而在犹太人那里则显现为个性，或活生生的主体——"我"。这里又产生了一个问题，这个"我"作为主观因素，不正是自然界中恶的根源吗？为什么上帝最后还要在犹太民族显现为这个"我"，以克服人的恶的原则？对此，索洛维约夫说，在一切中肯定主观因素，这个特征可能成为巨大的恶的载体，也可能成为伟大的善的载体。因为，如果个性的力量在自己的孤立中肯定自己，它就是恶和恶的根源；但同样是这个力量，如果使自己服从最高的原则，同样的热情被神的光明所渗透，于是就成了普世的无所不包的爱的力量；如果没有自我肯定的个性力量，没有利己主义的力量，人身上的善自身就是无力的和冷淡的，只能显现为抽象的理念。为了进一步说明他的这一思想，他还对善恶两种力量在人身上实现的关系给予了辨证的阐述。他认为，任何积极的道德特征都要求恶的力量的服从，即利己主义的力量的服从。就像在物理世界里，一定的力量要实在地显现，成为能量，就应该利用相应数量的以前的能量，或把这些能量转化为自己的形式（如同光由热中产生，热从机械运动中产生一样），在陷入自然秩序里的人的道德领域里，包含在人的灵魂里的善的潜力要实在地表现，只有利用已经存在的灵魂的能量，或是把这个能量转到自己这里来。在自然的人里，这个能量就是自我肯定的意志的能量，是恶的能量，要在自然的人身上实现善的力量，这个能量就应该转化为潜在的状态，以便善的力量由潜在变为现实的力量。由于善的本质是由上帝的作用给出的，因此，在人身上显现的善的能量，只能是自我肯定的个性意志的被克服的、已经过渡到潜在状态里的力量的转化。于是，在圣人身上实在的善要求潜在的恶。圣人之所以在自己的神圣性方面如此伟大，是因为他能够在恶中也是伟大的；他战胜了恶的力量，使恶的力量服从于最高原则，恶的力量于是成了善的基础和载体。

神的第三种作用方式实际上指的就是"道成肉身"，它产生的结果就是耶稣基督的降世。

# 第三节　什么是神

## 一、一切的定义

要弄清楚索洛维约夫的神的概念，首先必须了解"一切"这个概念，因为他关于神的概念与该概念密切相关，它构成了神的原则的肯定内容。

我们通常所说的一切，是指自然现象的总体。而索洛维约夫所说的一切，则是指由众多存在物构成理念世界。

他继承了贝克莱和叔本华等人的思想，将外在的物质世界看作现象，认为它们的存在无论如何只是对我们而言的，是我们的表象，它们仅仅可见，缺乏客观现实性。如果我们把它完全地置于我们之外，当作某种绝对独立的、不依赖于我们的东西，那就是自然主义的幻想。因此，所有的这些现象，都只是不断的过渡、过程，它们只有表面的存在，而不是真正的、实质的和不变的存在。有没有真正的、实质的和不变的存在呢？索洛维约夫的回答是肯定的。我们在他的回答里可以很明显地发现康德和莱布尼兹的思想痕迹。

他认为，世界是表象，物质世界及其所有的现象，是强加给我们的，是由我们的感觉决定的，在这个意义上它们是依赖于我们的，但现象与感觉不可能仅仅靠我们而产生，或者说，我们自己不可能自足地产生表象与感觉，我们的表象与感觉必定拥有某种不依赖于我们的原因、或者实质。"如果说我们所看到的东西只是我们的表象，那么根据这个还不能说，这个表象没有独立于我们的、我们看不见的原因。这个表象的必然性使得这些原因的假设是必须的。因此，这些没有独立性的现象之基础是独立的实质或者是实在的原因，它赋予这些现象以某种相对的现实性。"[25]这个原因与实质应该就是康德

---

25 [俄]Вл.索洛维约夫，《神人类讲座》[M]，北京，华夏出版社，1999，第48页，张百春 译。

所说的物自体，它是永恒的、不变的。由于现象是为数众多的，因而产生它们的原因与实质就不可能是单一的，它们也应该是某种多，否则这个实质就不可能包含给定现象的足够的基础或原因。索洛维约夫称这种众多基本的、永恒的、不变的实质为原子。"这样，实际上独立存在的只是不可分割的基本实质，它们靠自己的各种联结和自己众多的相互作用，构成了我们所谓的现实世界。这个现实世界只有在自己的基本元素里，或者是原因里，在原子里，才是真正现实的，但在自己的具体形式里它只是现象，只是由各种相互作用所决定的表象，只是可见性。"[26]

索洛维约夫对原子的理解不同于庸俗唯物主义对它的理解，他认为将原子理解为无限小的物质微粒是明显错误的。因为通常人们将物质理解为某种具有广延性的、坚硬的或者是牢固的东西，也就是理解为物体，而按照他的看法，物体都只是我们的表象，所以，原子不可能是物质的微粒。

既然引起我们感觉的那个不变的实质——原子不是物质的，那就只能将它理解为一种反作用的力量，"在不可透性的感觉里我遇到的是某种反作用，正是它产生了这个感觉，因此，我应该假定存在某种反作用的力量，那个独立于我的现实只属于这个力量。于是，作为这个现实的基本的或者是最后的元素的原子，无非就是基本的力量。"[27]所有现象都是这些力量相互作用的产物。这些力量在相互作用过程中，每一个不仅作用于另一个，同时也接受另一个的作用。索洛维约夫称前者为渴望作用，后者为表象作用。也就是说，每一个基本力量都必须表现在渴望和表象里。"在渴望里，给定的力量获得相对于其他力量的现实，或者作用于其他力量，在表象里，其他的力量拥有相对于给定力量的现实，该力量将获得其他力量的作用。"[28]至此，现实的基础被归结为渴望着和表象着的力量。

由于在接受另一个力量的作用，给它以地位时，给定的力量就被这另外的力量所局限、从而与之相区别，同时，给定的力量也转向自身，深入自己的现实之中，获得了对自己的规定。因此，给定的力量就成了这样的力量：

26 [俄]Вл.索洛维约夫，《神人类讲座》[M]，北京，华夏出版社，1999，第49页，张
　　百春 译。

27 [俄]Вл.索洛维约夫，《神人类讲座》[M]，北京，华夏出版社，1999，第49页，张
　　百春 译。

28 [俄]Вл.索洛维约夫，《神人类讲座》[M]，北京，华夏出版社，1999，第50页，张
　　百春 译。

第一，它们在自身之外起作用，拥有对于他者的现实；第二，它们获得他者的作用，或者，这个他者对于这些力量来说拥有现实，或被它们所表象；第三，这些给定的力量拥有相对于自己的现实，这就是我们在广义上称之为意识的东西。这些力量又被索洛维约夫称为存在物或莱布尼兹意义上的单子。

这些基本存在物或单子之间存在着本质上的区别，否则它们之间就不会出现一个渴望另一个的情况。由于基本存在物不属于现象世界，因而它们之间的质的区别也和它们自身一样，也是永恒的和不变的，即是绝对的。基本存在物的这个绝对的不变的质，就是它的理念。

这样，构成我们表象或感觉的独立的原因或不变的实质的基本存在物实际上具有三方面的规定，第一，它们不仅是不可分割的个体——原子，第二，它们是活生生的、起作用的力量或单子，第三，它们是由绝对的质所决定的确定的存在物，或者是理念。

索洛维约夫认为，正是这样的理念构成了一切的真正内容："作为永恒的和不变的实质的理念是一切变动不居的存在物和现象的基础，它们构成绝对原则的真正内容，或者就是永恒的、不变的一切。"[29]

## 二、神是一切统一

在索洛维约夫看来，神或者上帝显然不同于一切中的一般的存在物或理念，如果要说它是存在物，它应该是绝对存在物。"就词义讲，绝对表示，第一，摆脱掉一切的，不受束缚的，第二，完美的、终极的、全面的和整体的。可见，词意中已经包含绝对物的两个规定：第一，它被规定为自在的、独立的或摆脱掉一切他物的，所以对这个他物是否定的，即否定地对待一切个别的、有限的和多数的东西——被规定为摆脱了一切的、无条件的唯一者；在第二中意义上，它在对他物的关系上是肯定的，即它拥有一切，而不能有任何外在于它的东西（因为不然它恐怕就不是无极圆通的了）。"[30]由此不难看出，绝对存在物与一般存在物之间应该存在着内在统一或一致的关系。索洛维约夫从两个极端对它们之间的这种关系进行了论证。

---

29 [俄]Вл.索洛维约夫，《神人类讲座》[M]，北京，华夏出版社，1999，第52页，张百春 译。

30 [俄]Вл.索洛维约夫，《西方哲学的危机》[M]，杭州，浙江人民出版社，2000，第252页，李树柏 译。

我们先看他从一切即一般存在物这一端开始的论证。上面说过,基本存在物之间存在着质的区别,它们是相互独立的,从这里可以逻辑地得出基本存在物是多数的结论。既然是多数,它们之间就一定存在着这样或那样的关系。索洛维约夫认为,具有实质区别的存在物之间只有在下述条件下才可能产生关系:"它们相互间是直接地相互区别的,同时它们在某种共同的方面相互间又是一致或平等的,而且,若使理念之间的关系是实质性,那么这个共同的方面自身应该是实质性的,即是独特的理念或者是基本的存在物。"[31]这样一来,理念之间实质性的关系就类似于各类概念之间的形式逻辑关系。如果一些存在物的理念相对于同一个存在物的理念的关系如同是种的概念与类的概念的关系,那么这后一个存在物就涵盖了这些其他的存在物,把它们包含在自身之中,其他的这些存在物相互之间是区别着的,但它们相对于这个存在物是平等的,后者构成了它们的共同中心,以自己的理念平等地补充着所有其他的存在物。几个这样的理念将在另一个拥有更普遍的或更广泛的理念的存在物之中找到自己的中心,于是它们就成了新的更高级的有机体的器官或部分,这个新的有机体将满足所有的与它相关的低级存在物的需要,或者在自身中包含着它们。如果这样逐渐地上升,我们就能达到最普遍的和最广泛的理念,它应该在自身中内在地包含所有其他的理念,即在自身中同样地包含着一切,与一切相符合。这个最普遍和最广泛的理念就是绝对的善的理念,或准确地说是绝对的慈善或爱的理念,因为"任何内在的统一,任何从内部出来的对多的联合,都是爱(广义的爱,在此意义上,爱这个概念与和睦、和谐及和平或世界、秩序概念是一致的)。"[32]它也就是神的理念。"上帝向先知们显现,是作为拥有一定的实质的理想规定的上帝,作为无所不包的爱,因此,上帝对他者的作用,上帝与人的关系,已经由绝对的善的客观理念所决定,……"[33]"我们的世界所追求的完美的统一,也就是构成宇宙进程和历史进程的目的的完美统一,不可能仅仅是某一个人的主观认识(因为究竟是谁的呢?),它

31 [俄]Вл.索洛维约夫,《神人类讲座》[M],北京,华夏出版社,1999,第54页,张百春 译。

32 [俄]Вл.索洛维约夫,《神人类讲座》[M],北京,华夏出版社,1999,第106页,张百春 译。

33 [俄]Вл.索洛维约夫,《神人类讲座》[M],北京,华夏出版社,1999,第75页,张百春 译。

的确是上帝之爱的永恒对象，是上帝永恒的非己。"[34]

再看他从上帝自身这一端所作的论证。前面已经说过，每个存在物都具有三种存在方式，即意志、表象与感觉。这三种存在方式在我们的直接意识里实际上是什么样子，我们自己清楚，因为我们自己的内在经验整个就是由意志、表象和感觉的各种状态所构成的。我们并不能将这三种方式在我们自己意识里的状态直接推广到神的存在领域，因为我们内在经验的这些事实涉及所有的偶然性质。然而我们可以通过逻辑的分析把受有限存在物的本质所决定的那些因素分离出去，这样获得关于这个三重存在的肯定概念，就是这个三重存在在绝对的存在物里应该显现的那个样子。

我们已经知道了，理念作为存在物的对象或内容，就是存在物所愿望、所表象和所感觉的东西，在愿望里，理念被称为善，在表象里，理念被称为真，在感觉里，理念被称为美。我们也知道，作为普通存在物，他所愿望、所表象和所感觉的东西总是某个具体的他者，这一点显然不适合于作为绝对存在物的上帝。那么，作为绝对存在物的上帝，他所愿望、所表象和所感觉的对象是什么？善、真、美这三个理念与统一的神的本质的一般规定，即与作为爱的神的本质规定，是什么关系？

索洛维约夫认为，被绝对存在物所愿望的，所表象的和所感觉的，只能是一切。包含在绝对理念的善、真与美里的一切是同一个一切，它们之间的区别不是在被包含的东西中，而只是在内容的形式里，即它们的区别是形式的，而不是内容的或物质的。但由于只有在自己的内在统一和完整之中，一切才能成为绝对存在物的对象，因此，善、真和美是统一的不同形象或样式，在这些形象或样式中，绝对的内容或一切，为绝对而显现，或者善、真和美是三个不同的方面，绝对存在物从这三个方面把一切归结为统一。绝对存在物用什么方式从这三个方面把一切归结为统一呢？答案是，用爱的方式。善、真与美只是爱的不同形式，但是，它们和与之相应的三个存在方式所代表的内在统一在程度上有所区别，其中最强烈的是作为善意志中的统一，因为在这里，意志的对象还没有从主体中被分离出来，即意志客体与主体处于实在的统一之中。善是一切的统一或所有的东西的统一，就是爱，这是实质的统一；真理也是这个爱，也是一切统一，不过已经是被客体表象了的爱，这是

---

34 [俄]Вл.索洛维约夫，《爱的意义》[A]，见《关于厄洛斯的思索》[C]，沈阳，辽宁教育出版社，1998，第43页，赵永穆 蒋中鲸 译。

理想的统一；美也是这个爱，也是一切统一，但已经是被表象的和被感觉的爱，这是现实的统一。可见，三个理念或三个普遍的统一，只是同一个东西的不同方面或状态，它们在自己的相互渗透中构成新的具体的统一，这个统一所代表的是神的内容的完全实现、绝对本质的完整性和作为一切统一的上帝的实现。

## 三、神是个性主体，是作为客体的理念和作为主体的理念的统一

我们从上面知道了神作为客体理念的本质规定，但是，正如任何理念，任何肯定的内容，都必须要有一个确定的主体或载体才能拥有实现这个理念的确定力量一样，绝对理念也不可能仅仅是纯粹的理念或纯粹的客体。"要成为实在的一切统一，实在地把一切联结于自身，显然它自己应该拥有实在性和现实性，应该在自身中存在并为自己存在，而不应该仅仅在他者中，为他者而存在，换言之，一切统一的理念应该是单一的、核心的存在物的自我规定。"[35]

索洛维约夫认为，理念不仅应该在客观上区别于所有其他理念，即以自己的根本实质或特性与所有其他理念相区别，而且应该主观地或在存在上区别于其他理念，即应该拥有自己独特的现实，成为独立的、为自己的中心，也就是说，应该拥有自我意识或个性。因为如果理念仅仅是客观地、靠着自己的被认识的质来相互区分，而不是在自己的内在存在上自我区别，那么它们就只能是相对于他者的表象，而不是现实的存在物。因此，理念不仅是作为客体的理念，而且还应该是作为主体的理念，或理念的载体，即个性主体。

理念的这两个方面是相互关联的，为了自己的现实完满，它们是相互需要的。一方面，丧失了个性的理念，只能是某种空洞的东西，是外在的无意义的力量，它什么也不能实现，它的存在只是生存的渴望和努力，而不是真正的生命。另一方面，缺乏相应主体或载体的理念，将是某种完全消极的和无力的、纯粹的客体，它仅仅是某种表象着的，而不是实际存在着的东西。

同样，绝对理念不仅按照自己的客观实质而言是无所不包的，或者是一切统一的，而且在自己内在的主观存在里，它也应该是单一的和唯一的个性

35 [俄]Вл.索洛维约夫，《神人类讲座》[M]，北京，华夏出版社，1999，第65页，张百春 译。

主体；它把一切都同样地包含在自身之中，因而也同样地与一切相区别。按照这样的理解，上帝是一切的概念又获得了新的解释，即这意味着神性存在物也确定自己的"我是"，但不是相对于某个个别的内容，而是针对一切，首先针对绝对的一切统一的和无所不包的理念，然后通过这个理念并在其中去针对所有的个别理念，绝对理念的外延和内涵就是由它们构成的。

索洛维约夫认为，上帝作为绝对的个性主体，在《圣经》里就有根据，在《圣经》里，关于上帝的名的问题，摩西得到的答复是："我将是我将是的东西"（出埃及记3：14），这即是说，我是我，或者我是绝对的个性主体。上帝的这种绝对的个性，在犹太一神教里获得了第一次启示。

上帝作为主体或存在物，拥有三重规定，即上帝与自己的内容或本质——一切具有三种关系。在第一个规定里，一切被包含在上帝里，即被包含在神的主体里或存在物之中，如同在自己的共同的根之中，还没有被现实地区分出来，而只是潜在地存在于可能性之中。简言之，在第一个规定里，只有作为存在物的上帝是现实的、实在的，它的内容——一切或普遍的本质尽管也在这里存在，但只是在隐蔽的状态下存在，或潜在地存在。在第二个规定里，上帝的本质或内容成了某种理想的现实，被当作了对象。当然这个对象不可能外在于上帝，因为作为一切统一的绝对者，不可能在它之外存在任何东西，它仍然是神的主体自身的内在内容，神是依靠自己内在的行为把它与作为存在物的自己区分开来的，或者说从自身中区分出去，把它客体化。神的这个行为是自我规定或自我限制的行为，在这个行为里，一方面，神把自己同自己的内容对立或对抗起来，把它当作自己的他者或对象，于是产生了两极，一极是绝对的统一，另一极是一切或多；另一方面，神通过自己的自我规定而获得某种现实的力量，成为能力。由于第二个规定只是对第一个规定中所包含的东西的另外一种表述，因而人们可能会问：它有什么必要呢？索洛维约夫的回答是肯定的。他认为，存在物自我规定着，并以此实现自己的内容，显然它不但还是它所是的东西，即绝对的存在物，不仅不丧失自己的现实，相反，完全实现这个现实，不仅在自身中成为现实的，而且是为了自己的现实。因为上帝在自己的自我规定的行为里所实现的是一切或一切的完满，就是它自己的内容或本质，那么这个本质的实现只能是对该内容或本质所属的那个东西的表现或显现，这个东西就在内容或本质里，或者被内容或本质所表达。在第三个规定里，上帝在他者里仍然是它自己，在多里仍是统一。但是这个同一性和统一必须和上帝的第一个规定中所表达的那个同一和统一区别开来，在那里统一是直接的和未被分化的，在这里统一是被肯定的，被显现的或经过了中介的，即经过分化的，因此可以说是被强化了的。真正的统一不仅不排除多，相反，它在自身中产生多，同时不为多所破坏。也就是说，只有在多基础上的统一才是真正的统一，绝对的统一。如果统一之成为自身只是因为它缺乏多，即它是对多的简单的丧失，那么随着多的产生，它就会立即丧失自己的统一性。这样的统一显然只是偶然的统一。在这种情况下，多就拥有对这个统一的力量，统一就将服从这个力量。真正的绝对的统一比多更有力量，它优越于多，要证明这一点，统一只有在自身中实在地产生或确定一切多，并不断地战胜多。第三个规定是被完结的和被完善的统一样式，或者是绝对的、肯定自己为自身的样式。

# 第四节　简评

　　毫无疑问，神人论在索洛维约夫宗教哲学思想中处于核心地位。别尔嘉耶夫这样说道："像在俄罗斯哲学家那里一样，历史上的索菲亚问题对于 Вл. 索洛维约夫来说是个中心问题，某种意义上说，他的全部哲学是历史哲学，是关于人类走向神人类，走向完全统一，走向天国的道路的学说。"[36]神人论在索洛维约夫那里，既是关于人的学说，同时又是关于人类历史发展规律的理论。神人既可以作为名词看待，也可以作为动词理解。当作为名词看待时，即是指人的个性的绝对性与超越性，指与上帝结合的完善的人；当作为动词理解时，则指人类历史的发展过程，即神人化过程。前者是他的学说得以成立的前提与基础，后者是他的学说的落脚点与归宿。从这种意义上可以说，神人论构成了他的思想的主线，其他的学说都是围绕这一主线展开的，并且是为其服务的。

　　然而，神人论在以下两个方面似乎存在着矛盾。一方面，它断言世界灵魂的堕落是不应该的，因为它造成了自然世界的不应该的状态，这种状态与神的完善的原则是不相符合的。"从神的、完善的原则出发的宗教意识发现，现实的自然世界是与这个原则不相符合的，即是不完善的或不正常的，因此

---

36 [俄]Ни.别尔嘉耶夫：《俄罗斯思想》[M]，北京，生活·读书·新知三联书店，2004，第 170 页，雷永生　邱守娟　译。

是神秘的和不可理解的。"[37]消除这种不应该的状态构成了我们人类社会发展的目的。同时在它那里，世界灵魂堕落所造成的自然界的分裂对于神来说，似乎又是必需的，因为这为神发挥自己的作用提供了条件。神可以利用这种分裂存在的这个否定行为发挥自己积极的反作用，显示自己联合的力量。另一方面，在它那里，人类与神的结合，达到神人类，是自由思考的结果，而不是强制、必然的结果。"新的统一不可能是直接的，不能是无罪的，这个统一应该通过努力获得，它只能是自由事业和功绩的结果，这个功绩是双重的，是神的和人的自我放弃；因为两个原则的真正结合或一致，需要两方面的自由参与和作用。"[38]"同时，对于它来说，达到神人类的神人过程似乎又是必然的、被决定的进化过程。"[39]这一进化过程包括三个阶段：原初的人——人类的原型阶段，这时的人还没有从神的生命的永恒统一中分化出来，自然的人——堕落了的人阶段与精神的人——神人阶段。这一过程代表了人类历史的发展方向，因而具有历史必然性。

---

37 [俄]Вл.索洛维约夫，《神人类讲座》[M]，北京，华夏出版社，1999，第126页，张百春 译。

38 [俄]Вл.索洛维约夫，《神人类讲座》[M]，北京，华夏出版社，1999，第165页，张百春 译。

39 [俄]Ни.别尔嘉耶夫，《俄罗斯思想》[M]，北京，生活·读书·新知三联书店，2004，第171页，雷永生 邱守娟 译。

# 第五章　神权政治论

## 第一节　神权政治的依据

### 一、历史发展的必然要求

　　索洛维约夫认为，对整个人类存在的最终目的问题的追问，必然逻辑地得出人类社会是一个发展着的过程。"这个概念（指人类的普遍目的）必然以另一个概念即发展概念为前提，在确认人类有其存在的共同目的的同时，我们应当承认，人类是在发展着的；因为，如果历史不曾是一种发展，而仅仅是只以外在方式相互联系着的现象的更替，那么显然就谈不上任何共同的目的。"[1]而通过对发展概念的分析，我们发现，发展概念必定预先设定以下两个方面的含义：第一，发展必须有一个特定的主体，即发展必须以一个发展着的东西为前提。第二，发展的主体既不可能是绝对简单的和单一的实体，因为绝对简单会排除任何变化的可能性，因此也就排除了发展的可能性。同时也不可能是要素或部分的机械聚合体，因为这样的聚合体只存在数量的减少或增加问题，而不可能存在发展问题。这也就是说，发展的主体只能是一种本身包含大量内在地相互联系着的要素的存在物，即活的机体。但并非有机体中的一切变化都能构成其发展，能够纳入发展内容的只有这样的变化，它们在发展着的存在物本身之中有其自己的根基或源泉。至于非机体本身的外

---

[1] [俄]Вл.索洛维约夫，《西方哲学的危机》[M]，杭州，浙江人民出版社，2000，第156页，李树柏 译。

在活动者起决定作用的那些变化，可能影响发展的外在进程，但它们不能变成发展本身的内容。因此，索洛维约夫最终给发展概念下的定义是："发展是有机存在物的，从某一起点出发，趋向某个特定目的的内在变化系列：一切有机体的发展皆如此；无休止的发展不过是无稽之谈，contradictio in adjecto (定义中的矛盾)。"[2]索洛维约夫认为，这样理解的发展必定包含三个一般的必然环节：一是发展所由开始的某种原初状态，二是一系列作为过渡或中介的中间状态，三是充当发展目的的另一种已知状态。在发展的原初状态中就已经包含了发展的所有决定因素和组成部分，发展只是机体的构成形式和成分因进行新的、已经完全是有机的结合，而发生的分离或独立的过程，它不是无中生有，只是已有的成分的状态或配置的变化。机体在发展的原初状态是混合或外在的统一，这时它的组成部分之间是以纯外在方式相互联系着的。在第二种状态中，机体的组成部分为了作为机体的独立成分而加入内在的自由统一体，必须完成分离或独立的过程。在第三种状态中，机体的组成部分相互支持和补充，以达到其内部的协调一致，最终达到完美的状态。

当我们把发展概念用于人类历史时，就会发现，它的发展也经历了上述三种状态。他将人类社会分为三大领域，即实践领域，知识领域与创造领域。每一个领域又分为高低有别的三种存在形式：实践领域依次分为经济社会、政治社会与精神社会；知识领域依次分为科学、哲学与神学；创造领域依次分为技艺、高雅艺术与神秘。其中在实践领域里，"社会的第三种形态就是取决于人的宗教性质。人不仅需要由经济社会提供保障的物质存在，也不仅仅需要政治社会赋予他的合法存在，他更需要绝对的存在——圆满的和永恒的存在。对他来说，只有这种绝对存在才是真正崇高的幸福，对这种至善 summum bonum 来说，通过劳动获得的物质幸福，通过政治活动取得的经济的和形式上的幸福，只能是一些手段。因为赢得绝对存在或者永恒的和极乐的生活，对所有人同样都是最高目的；所以这个目的也就必然成为可称之为精神社会或神圣社会（教会）这个社会联盟的原则。"[3]既然无上的幸福既不依赖于通过外在世界获得的东西，也不依赖于人本身的法律的和理智的活动，那么它就

---

2 [俄]Вл.索洛维约夫，《西方哲学的危机》[M]，杭州，浙江人民出版社，2000，第157页，李树柏 译。

3 [俄]Вл.索洛维约夫，《西方哲学的危机》[M]，杭州，浙江人民出版社，2000，第163页，李树柏 译。

只能取决于处在自然界和人类世界范围之外的本原，而且只有直接基于与这些先验本原的关系的社会，才能把人的圆满的和绝对的幸福，视为自己的直接任务。这样的社会应当是精神社会或教会。

根据发展规律，整个人类机体应当就其存在的上述领域和阶段，经历三种状态。在第一种状态下，这些阶段处于模糊或混乱之中，以致其中的每个阶段都不能作为独立的阶段而具有现实的单独存在，而只能潜在地存在着。不仅精神社会、政治社会和经济社会之间没有明显的区别，经济联盟的最初形式——家庭和氏族同时具有政治和宗教意义，既是最初的国家，又是最初的教会，而且神学、哲学和科学，神秘、高雅和技艺也同样混在一起。教会（精神社会）、国家（政治社会）和经济社会最初以神权政治的形式呈现为一个融合的整体。到了第二种状态时，各个领域里的几个阶段相互发生分离。在实践领域表现为，开始是世俗社会完全与教会分离，然后世俗社会自身又分裂为国家和地方。它们之中的每一个都先后拥有过最高统治权，都力图排除其余两个，或使之屈从于自己。索洛维约夫认为，今天西方正在逼近第三种社会组织——经济组织的统治，很明显，这种统治也和当时的天主教会统治及后来的国家独裁一样，虽是西方发展道路上的必然步骤，但只具有历史的必然性，因而也是有条件的和暂时的。历史一定会发展到第三种状态，到那时，社会机体的各个领域和阶段，应处在完全内在的自由结合或综合状态。它们虽不平等，却等值，即其中的每一个对完整充实的机体来说，同样都是必不可少的，尽管它们由于必须处在受各自的特殊性质制约的一定相互关系之中，在其中独具的意义各不相同。在社会实践领域，精神社会或教会与政治社会和经济社会的自由的内在联盟，构成一个完整的机体——自由的神权国家或曰整体社会。这三种存在形式的关系表现为：教会本身不干预国家事务和经济运作，但给国家和地方提出最高目的及其活动的绝对规范。也就是说，国家和地方在使用其自身的各种手段和力量上是完全自由的，只要它们随时想着决定精神社会的最高要求就行，这样精神社会就如同上帝，他自己岿然不动，却能推动一切。

由此可见，在索洛维约夫看来，神权政治的理想并不是毫无根据的幻想，它本来就以人的宗教本性潜在地包含于人类社会之中，因此，随着人类社会的不断发展最终必然会得到实现。

## 二、人类祖先违背神权政治的教训

神权政治不仅是人类历史发展的必然要求，也是我们人类祖先在这个问题上吸取教训的结果。索洛维约夫认为，在《圣经》里记载了三次人类因违背上帝意愿而遭到上帝的严厉惩罚的故事，即亚当与夏娃偷吃伊甸园的禁果、贪淫好色以及自命不凡与智慧的迷惑不解。结果导致了该隐杀弟、洪水灾难与人类的分散三次严重恶果。

该隐杀弟是作为对亚当和夏娃不听从上帝的旨意，偷吃了伊甸园中的禁果这一行为的惩罚。索洛维约夫认为，亚当与夏娃结婚生了该隐，"这就是丧失权利的第一种后果：原始大自然的规律成为人的规律，外部物体的结合代替了内部实质性的统一，从外部、从实利主义者的事实中认识事物替代了从内部、从精神实质上管辖。"[4] "亚伯牧羊，该隐耕地。"（创世纪 4：2）是上帝根据他们弟兄俩的性格差异而作的分工，因为亚伯温顺、天真，而该隐则富于智慧与创造性。上帝对他们作这样的分工，本来意在保持人类精神上的团结，使他们不致产生利益上的矛盾。然而识善恶的禁果树已经在亚当的儿子心中生根发芽，最终导致该隐杀了弟弟亚伯。当上帝问该隐："你弟弟亚伯在哪里"时，该隐却回答："我不知道，难道我是看守我弟弟的人？"（创世纪 4：9）这里的重要含义不在于隐藏着凶杀，而刚好是隐藏着宣告无罪与表白他的理由：通过隐藏着凶手和被杀害者之间的团结一致。上帝于是对该隐说："你现在是大地上被咒骂的人，大地张开了口，由你手中接收了你弟弟的血，从此你即使耕种，大地也不会给你出产；你在地上要成为流离失所的人。"（创世纪 4：11~12）该隐由于杀害了弟弟给他们的大自然农业生活惹了祸，迫不得已选择浮华的城市生活。在这里，我们看到了人类的本性按照自己的方向而没有按上帝指引的方向发展所造成的严重恶果，这给亚当的另一个儿子舍特以教训，使他克服了自私自利的本性，开始变得善良。"舍特也生了一个儿子，给他取名叫厄诺士。那时人才开始呼求上帝的名。"（创世纪 4：26）

然而，尽管舍特的氏族呼求上帝的名，获得上帝儿子之名，他们还是在不知不觉中滋生了另一种罪恶，那就是贪淫好色。这就是《圣经》中所说的："人在大地上繁殖生养儿女，上帝的儿子见人的女儿美丽，就随意选取，作为妻子。"（创世纪 6：1~2）

---

4 [俄]Вл.索洛维约夫，《神权政治的历史与未来》[M]，北京，华夏出版社，2000，第 68 页，钱一鹏 高薇 尹永波 译。

索洛维约夫认为，邪恶和凶杀破坏了人类的联合与团结一致，使他们分割成两个格格不入的敌对阵营，这反而使人产生了联合的意图。但是，这种联合并不是像上帝所希望的那样，建立兄弟般的关系，而是建立在性欲基础上的性关系大混合。这样人类就走上了贪淫好色的道路，上帝的儿子与人类的女儿结合，只是为了她们的美丽，他们想娶谁就娶谁。对人类来说，这一条路比邪恶和凶杀更具毁灭性。杀害亲兄弟的罪恶只是给予人类精神上一个坏影响的开端，还没有灭绝人性，还可能留下人的举止。自私自利和邪恶毕竟是一种精神力量，它鼓动人在简陋的物质生活条件下行动起来，集中自己的精力，但并没有允许他漂流到大自然的急流中去。与此相反，贪淫好色如果完全控制了人，就会耗尽他精神上的毅力，使他丧失内在的力量。邪恶毁坏人心灵中的道德准则，将人引向精神崩溃；贪淫好色自上而下地毁坏自然生活中的规律，将人引向肉体上的死亡。人类的邪恶激起大自然对人类的不满，而贪淫好色则玷污了大自然。上帝终于忍无可忍了，他对诺亚说："我已决定要结果一切有血肉的人，因为他们使大地充满了强暴，我要将他们由大地上消灭。"（创世纪 4：17）上帝于是发动了一场大洪水，淹没了一切违背自己意志的人，只留下那些虔诚地听从他的吩咐的人。新生人类的始祖诺亚因忠诚于神权政治的路线和听从上帝而得救。他建造方舟不是按照人的决断，而是按照上帝的指示。他从方舟的出口出来后，开始了自己的新生活，给上帝举行了庄严的祭祀仪式。"诺亚给上帝筑了一座祭坛，拿各种洁净的牲畜和洁净的飞禽献在祭坛上，作了全燔祭。"（创世纪 8：20）上帝和诺亚氏族立了约，它在人类中具有信仰和听从上帝的基础，但没有人类自觉的高尚品德。因为无所不知的上帝明白，在洪水之后人们不会有合乎道德的美德："我再不为人的缘故咒骂大地，因为人心的思念从小就邪恶；我再也不照我所作的打击一切生物了，只愿大地存在之日，稼穑寒暑冬夏昼夜循环不息。"（创世纪 8：21）

洪水淹没了人类邪恶与贪淫好色的丑陋现象，人类的败类全部覆没。大地变得干净了，人也变得虚弱和温和得多了。可就在此时，新的一代人又生长出可诅咒的新的萌芽——自命不凡和智慧迷惑不解。"当时全世界只有一种语言和一块平原，就在那里住下了。他们彼此说：'来，我们做砖，用火烧透。'他们便拿砖当石，拿沥青当水泥。然后彼此说：'来，让我们建造一城一塔，塔顶摩天，好给我们作纪念，免得我们在地面上分散了！'上帝便下来，要看看世人所造的城和塔。上帝说：'看他们是一个民族，都说一样的语言。他们如今就开始做事，以后他们所想做的，就没有不成功的了。来，我们下去，混乱他们的语言，使他们彼此语言不通。'于是上帝将他们分散到全地面，他们便停止建造那城。为此人称那地方为巴比伦。因为上帝在那里混乱了全地的语言，且从那里将他们分散到全地面。"（创世纪 11：1~9）这里，表面上看，人类已实现了联合，然而这种联合只是人类外部生活的联合，而不是内部的团结，它只意味着物质力量的高涨代替了精神境界的高度。这种团结只能加强人类坏的方面，增加他邪恶的潜力。人类变得自命不凡和斤斤计较了，这当然不是上帝所愿意看到的。人类被分散到全地面之后，由于丧失了共同的意识和彼此理解，中断了生气勃勃的团结，形成了各走各的路、各说各的语言的分裂民族。从此异教林立，形形色色的令人反感的东西如雨后春笋，不仅是重复了洪水前毁了的、并且还补充了新孳生的谬误。

通过这样三次教训，人类终于认识到拒绝神权政治、违背上帝意愿、自以为是只能导致凶杀、道德败坏与毁灭，于是号召起来反对自己的路线。和该隐家族的极端祸害的高傲一起，人们找到了呼唤上帝名字的希望，就像上帝在大洪水前道德败坏的中心有可能通过诺亚来制造拯救世界的方舟。然后在各民族的歧途中上帝找到了遵守信仰的人们，他们不再走异教徒的道路，而成为未来人类的创始人。

## 三、人的神权政治地位

索洛维约夫认为，神权政治的实现，不仅有历史发展与人类认识方面的根据，而且有来自人本身的根据，这就是它也是由人的神权政治地位决定的。

索洛维约夫认为，真正的神权政治环境不仅在物质世界找不到，而且在纯粹精神世界也找不到，因为它所需要的团体无论就其存在还是就其生活，都被一种内部选举绝对完全地确定了。"上帝的生力军或善良的精灵常常给上帝自己充实意志和生活，从他们的本性出发做了好事，成为上帝的组成部分，或者说是势力范围，而不成为上帝王国独立的继承人。另一方面的恶势力或恶神由于他们的本性，死不听从上帝，无条件地脱离了上帝王国。"[5]只有人由于自身的双重构成，可以责无旁贷地成为神权政治的主人。人按其双重构成，

---

5 [俄]Вл.索洛维约夫，《神权政治的历史与未来》[M]，北京，华夏出版社，2000，第 59 页，钱一鹏 高薇 尹永波 译。

其内部的体力和外部需求可以达到自由的平衡。"人处在自己精神本质的深处，处在内部原因引起的难以理解的机械交叉的看得见的世界上，人本身属于这个世界，自己的物质生活上永远被这世界限制，因此人不能用内心的精神生活来绝对地最终作出决定，人在个人的自然条件或周围的世界里没有足够强大的力量一下子完全实现自己美好的或不良的愿望——他在自己的物质生活中不可能永远成为天使或魔鬼，也不可能具有性质不变的自己的天堂或地狱。"[6]人的神权政治地位具体可概括为以下几个方面：

第一，人是上帝在大地上创造出来的，它是上帝创造出来的，但同时又是大地的杰作，因此，人的本质是由双重性构成，可称为上帝——大地之子。按其出身人是和物质世界联系着的，但人的出现是在整个宇宙形成之后，按照上帝的特别主意，经过神力的特别行动，包括整个创造过程而造成的。所以人和宇宙的联系不仅是合乎客观情况的，它作为宇宙的一部分，也是理想的，就像宇宙形成一样。

第二，人是从上帝那里得到生命的。其他生物都有它们自己生命的准则和规律，它们的生命本身或者说它们自己的生命感受并没有包含上帝什么东西，而完全是在大地上进行的。人则不同，他不仅由上帝决定，像由生存的规律决定那样，而且在自己内心的真实存在中感觉到上帝，并且可以在个人心灵活动中和上帝联合一致。人不是一次就向上帝表明自己，也不是经常向上帝表白相同的意思，人的内心对待上帝的生活态度可能反复无常，每时每刻都是他生命的重新开始，他在骨子里否认上帝的全部生活。

第三，人是按照上帝的形象与面貌创造出来的，不是按照上帝的智慧，这样那样的思想创造的，而是按照上帝本人的主意创造的，这种主意有利于团结一致。因此，人能领悟上帝的一切教诲，能够为自己模仿生产一切东西。在这一过程中，上帝的主宰能力与创造力以及形象都在人身上表现出来。人也能像上帝那样掌握一切，随着人掌握一切的同时，他成为宇宙的真正皇帝，他像上帝了。相似上帝的人是上帝形象的真实的实现，这个理想的形象构成了人的内在的本性，人没有依赖上帝的意志就真正实现了这种形象。也就是说，相似上帝的人的产生不是没有人本身的意志和行动，人自愿地领悟并给上帝生产自然财富，在这种意义上可以说，人虽然没有亲自创造自身，但在

---

6 [俄]Вл.索洛维约夫，《神权政治的历史与未来》[M]，北京，华夏出版社，2000，
  第59页，钱一鹏 高薇 尹永波 译。

任何情况下都参加到这创造世界当中去了。人作为宇宙的最高层，在此取得了自己全世界的特权，并承担起人的义务。

第四，由于大地上所有的造物只有人是按照上帝的形象创造出来的，与上帝相似，因此，他高于大地上所有的生物，同时他也和大地上生长的生物一样亲近和类似所有的低级动物。人具有智慧和认识能力，因此对一切存在的事物感兴趣，他成了宇宙的思想中心。人能统治大地上的万物，首先是因为他了解它们。人在精神生活上和上帝比较相近，属于上帝的王国，他又以实利主义的秉性挨近大地世界，成为这个世界的出类拔萃的人物和上帝在大地上的全权代理人。因此，上帝通过人来管理大地万物，是他理想的选择。上帝是在先创造了别的大地生物之后才创造出人的，这说明人首先以它们的存在作为自己的理想的先决条件，它们由人来决定命运并依赖于人。上帝虽然是万能的创造者和无限权力的主宰，但不是大地的执政者。它虽然创造了万物，但在其内心本质上与造物毫无共同之处，它可能对它们具有道德与实践上的关系，它只有通过人来主宰世界。"因此，人必须是隶属于上帝的真正统治，或者说神权政治不仅为上帝自己，也是为了人。人在世界上这种神权政治的地位使他对自己和对他周围的大自然承担起相应的义务。"[7]

第五，人有责任经营自己社会人才的培养和资源的开发，同时还要栽培和经营周围的大自然界。但人的这种责任——对自己和对外部世界——只能在履行自己的责任的同时为上帝尽义务。因为按照上帝本身的含义，它是完美无缺的，因而对于人来说一切肯定的美好的东西和一切改善都只能通过和上帝的交往，并且参与它长远的利益才能进行。为了这种交往和参与，首要的条件就是人自愿地听从上帝。

第六，人接受上帝的金科玉律，并且自愿听从和遵守这种金科玉律的第一个条件是为了保持上帝和人之间合乎教规的神权政治关系。

概括起来说，人的神权政治性就是他的二重属性，这种二重属性使得他能够充当上帝与自然界之间的中介，将二者联系起来，以实现神权政治的目的。

---

7 [俄]Вл.索洛维约夫，《神权政治的历史与未来》[M]，北京，华夏出版社，2000，第63页，钱一鹏 高薇 尹永波 译。

# 第二节　神权政治的历史发展

## 一、祖先的神权政治

上帝和人的关系虽然被人的罪行破坏了，但还没有被毁灭，这样的关系被集中保存在上帝所选择的家族中，这个家族的主要人物有亚伯拉罕、依撒格与雅各伯。

由于神权政治首先要求人们自觉地听从，以便为上帝的权力服务，要求人们自愿地信仰，以便利用神的权威，要求人们热心地对待上帝的事业，以便名副其实地参加到上帝的事务中去，自觉地促进完成上帝的使命，因此，一切神权政治的高尚品德的本质最初都表现在一个方面，即自我牺牲的本领。是否具有自我牺牲精神是上帝选择新的神权政治首领的首要条件，尽管他们可能存在这样或那样的弱点。亚伯拉罕应该说最具有牺牲精神，"上帝对亚巴朗说：'离开你的故乡、你的家族和父亲，往我指给你的地方去。我要使你成为一个大民族，我必降福于你，使你成名，成为一个福源。我要降福那祝福你的人，咒骂那咒骂你的人，地上万民都要因你获得祝福。'亚巴朗遵照上帝的吩咐动了身。"（创世纪7：1~4）离开故乡、家族与父亲，前往自己完全陌生的地方过游牧生活，这对于一个七十多岁的老人来说，无论在物质上还是在精神上都确实意味着巨大的牺牲。索洛维约夫认为，"上帝对亚伯拉罕说的第一句话已经表明了真正的神人关系，创世主和被创作的人之间的自愿结合。这句话是诏令，然而是伴随着许诺和祝福的诏令，不是独裁的诏令，而是真正神权政治的诏令，他不是给奴隶，甚至不是给臣民的诏令，而是给自觉的、亲近的人——给儿子和朋友。然而这种诏令要求亚伯拉罕的意志能承受沉重的牺牲。"[8]当然，在这样的牺牲中、这样的听从中不可能一开始就没有任何的自私自利。但亚伯拉罕的意志没有受那些许诺的贿赂，除了上帝的秘密祝福之外，没给亚伯拉罕承诺任何福利。因为上帝的臣民的牺牲不在于事业的物质方面，而在于他们的精神理想。虽然《圣经》中记载了亚伯拉罕带着妻子、他兄弟的儿子以及积蓄的财物和仆婢一同前往客纳罕，上帝显现给亚伯拉罕说："我要将这地方赐给你的后裔。"亚伯拉罕就在那里给显现于他的上帝筑了一座祭坛，从那里迁移到贝特耳东面山区时又为上帝筑了一座祭坛，呼求

---

8　[俄]Вл.索洛维约夫，《神权政治的历史与未来》[M]，北京，华夏出版社，2000，第83页，钱一鹏　高薇　尹永波　译。

上帝的名。但亚伯拉罕的祭祀与异教徒的祭祀有根本区别，它没有上帝给他祝福提携的私心，只是为了他的子孙后代的前途。这种祭祀是为肯定的目的服务的一种方式，这种目的不是针对物质的享受，而是追求全世界共同的精神享受，因此这种祭祀是神和人共同的事业行动之一。当亚伯拉罕99岁时，上帝显现给他，对他说：“我是全能的上帝，你当我的面前行走，做一个完人，我要和你立约，使你极其繁盛。”（创世纪 17）上帝选中的宠儿在听从圣旨和信奉上帝许诺的高深莫测的真理方面的表现还是不够的，因为还需要建立适应神圣上帝的自己的生活方式，并且需要不断渴望十分的完美，渴望完人的生活，因此，在上帝接受了亚伯拉罕第一次意志和智慧的祭祀和通过这次立约——听从和信仰的约之后，还必须进入一个使他们充实而登上新台阶的时代——立生活之约的时代。因为亚伯拉罕诚挚的激情，上帝向他吐露了肺腑之言：“看，是我与你立约，你要成为万民之父，以后，你不再叫亚巴朗，要叫做亚伯拉罕，因为我已立定你为万民之父，使你极力繁衍，成为一大民族，君王要由你而出。我要在我与你和你的历代后裔之间，订立我的约，当作永久的约，就是我要做你和你的历代后裔的上帝。我必将你现今侨居之地，即客纳罕全地，赐给你和你的后裔作永久的产业；我要做他们的上帝。”（创世纪 17：4～8）这里上帝之所以要改变亚巴朗的名字，是为了表示和他的立约不仅是对一二个民族，而且是面对世界，具有全世界意义。上帝和亚伯拉罕的立约所具有的全面的现实意义，可以说是物质意义。从这方面看整个事业在于，亚伯拉罕的家族应该繁衍成一个伟大的民族，从这个民族中产生全世界的救星。这个现实的立约要求与它相应的象征。由于现在立约的目标是未来的血和肉，因此在真正的血和肉当中会有它的象征。“上帝对亚伯拉罕说：你和你的后裔，世世代代应遵守我的约。这就是你们应遵守的，在我与你们以及你的后裔之间所立的约；你们中所有的男子都应受割损。你们都应割去肉体上的包皮，作为我与你们之间的盟约的标记。你们中世世代代所有的男子，在生后八日都应受割损；连家中生的或是用钱买来的而不属于你种族的外方人，都应受割损。凡在你家中生的，和用钱买来的奴仆，都应该受割损。这样，我的约刻在你的肉体上作为永久的约。”（创世纪 17：9～12）可见，盟约的特征扩散到了亚伯拉罕整个家庭。

我们由《圣经》中可以看到，亚伯拉罕作为最初的人类首领是怎样自愿地献身于上帝的，怎样给最崇高的首领作出贡献的。他听从上帝给他指出的道路，深信上帝许诺的真理，最后完全彻底地把自己的生命贡献给了最崇高的神秘生活。他对上帝非常尊重，所以上帝选中了他。到他的儿子依撒格这里，情况就有点不同了。依撒格实现了人类天性的贡献，他本身就是这种贡献的产物。他有生以来就站在上帝指引的道路上，他本身就是信仰的产儿，他的整个生命必须以最崇高的神人生命为前提，他的生命是上帝和父亲的盟约赋予的。所以依撒格的宗教生活不能向我们提供什么新事物，因为神权政治的影响，他的宗教生活是他父亲宗教生活的继续。依撒格和他父亲一样，都具有固有的神权政治的高尚品德，因为他也听从上帝的圣旨，信仰上帝的许诺并忠诚于上帝的天命。所不同的是，他的这种高尚品德已不需要任何特别的牺牲，也不需要任何独立的行动。从《圣经》中所描述的依撒格的形象来看，他温顺忠厚，但也缺乏积极进取精神，他是人类受苦受难的代表。但他的这种悲哀的本性对神权政治是无益的，也正因为如此而被上帝排斥、抛弃。

适应形式的需要，依撒格的儿子雅各伯被上帝喜欢而选中，不是因为他有人类的高尚品德，而是因为他的性格有利于神人事业的发展，能够继续和紧紧结合那个神权政治发展的创始集团。在亚伯拉罕那里，是通过贡献与上帝保持精神上的联合，在依撒格那里，这种联合表现在实现了的事实上。依靠这种事实上的联合，事先已订立同盟的人类首领独立地去实现上帝进一步的计划。雅各伯精神特征中的特殊行为正是来自于这种人类本质的独立性。对于雅各伯来说，和上帝立约只是为了某种意图，但是他已不满足于生活事实的一般意识，而是渴望独立地利用这宗教遗产来丰富自己和上帝，渴望个人的事业在现有的基础上建造起未来的新大厦。与他的父亲不同，雅各伯不是盲目地符合上帝，盲目地信仰，盲目地献出整个生命，他已达到了某种自觉。上帝对于雅各伯所要求的也不是人类开始的那种牺牲，而是个人的独立精神的表现。因此，有时雅各伯本人代表上帝的诏令，按照个人的创举去完成并非上帝需要的行动，上帝则保持沉默。《圣经》里记载了雅各伯超额完成上帝诏令的任务，"上帝对雅各伯说：'起来，上贝特耳去，住在那里，为你昔日逃避你哥哥以扫时向你显现的上帝筑一祭坛。'雅各伯便对家人和跟随他的人说：'你们应除去你们中间所有外邦的神像，并自洁，更换衣服，因为我们要起身上贝特耳去；在那里我要给在我困苦的时日俯听了我，在我所走的路上伴随了我的天主，筑一祭坛。'众人便将自己手中所有外邦的神像，所有的耳环，都交给了雅各伯；雅各伯就都埋在那靠近舍根的橡树下。"（创世纪 35：1～4）正因为如此，雅各伯比他的父辈更深入领会上帝的前景启示，更清楚地看到了道路的终点和事业的最终决策。如果说亚伯拉罕看到事情的未来发展，雅各伯则在某种程度上洞悉到事物如何发展；亚伯拉罕是品德高尚的人杰，雅各伯则开创了神人联合普世生活和秩序的法律。雅各伯的天梯之梦不仅给我们描绘了宗教繁荣的时代进程，而且还反映了宗教活动和神人联合的经常秩序。全人类只有沿着宗教历史的繁荣的阶梯逐步走向完善，我们地上的自然现实才能通过中介和上帝的活动联合起来。

## 二、民族的神权政治

我们已经看到，上帝与犹太人祖先共同参与神权政治是以这些祖先所具有的神权政治美德为条件的。同样，上帝之所以选择犹太民族履行最初的神权政治使命，也是与这个民族本身所具有的特殊性格分不开的。不过，犹太民族的性格特征比其他祖先的性格特征要复杂得多。任何人都不能否认，犹太民族的性格特征具有整体性与内部的统一性，但这种整体性与内部统一性隐藏在外部的不一致甚至矛盾之中。

首先，犹太人的突出特点是具有深刻的宗教性和对自己的上帝的忠诚，达到了完完全全的自我牺牲的地步，这是一个律法和先知的民族，殉教圣徒和使徒的民族，"他们因着信，制伏了敌国，行了公义，得了应许。"（希伯来书 11：33）其次，犹太人的自我感觉、自我意识和首创精神极度发达。无论是整个的以色列，还是其中的每个家庭及其每个成员，在心灵和大脑深处都有很强的民族感情、家庭观念和自我意识，都力图在实际中表现这种自我感觉和自我意识，都顽强地和不知疲倦地为自己、自己的家庭和整个以色列而劳动。再次，犹太人都是极端的唯物主义者（广义上的）。犹太人的这一特点甚至在他们的语言文字中都清晰地表现出来。至于他们日常生活的唯物主义，也就是他们活动中的功利主义和自私自利的想法，从埃及的器皿到现代欧洲交易所都可以看到，无需多说。

这个奇怪的民族性格既在以色列的宗教中表现出神的因素的力量，又在犹太人的民族生活、家庭生活和个人生活中表现出人的自我肯定的力量，还表现出渲染他们全部思想和事业的物质因素的力量。于是，人们不禁要问，这些相互对抗的力量是通过什么方式参与到每一个生命个体中的呢？是什么将以色列的宗教思想和犹太人的首创性以及他们的唯物主义联系在一起的呢？答案显然只能是，出于对独一神的赤诚，人们应当消除或最大限度地削弱人的"自我"意识和对物质财富的留恋。犹太人在信独一的神的时候，从来没有认为人的宗教任务就是与神融为一体，消失在神的万有统一中。而且犹太人也不认为神就是这种否定性的和抽象的万有统一或无差别性，对他们来说，真正的神脱离了任何外部局限性和规定性，但又未消解于普遍的无差别性之中，它自己规定自己，是完善的个性或绝对的"自我"。按照这样的理解，宗教不是把人消解在普遍的神性中，而是神的"自我"与人的"自我"的个性相互作用。至于唯物主义，可以称犹太人的唯物主义为宗教唯物主义。可以说，犹太人的普遍贪财都具有神圣的崇高目的——使整个以色列富有和荣耀。他们在完全承认神的精神性和人的精神的神圣性的时候，不善于也不愿意把这两种高级因素同它们的物质表现分割开来，他们对任何思想和任何理想都要求它以可见可感的形式体现出来，并具有明显有益的良好结果。由于犹太思想不把精神和它的物质表现分开，因而也就不把物质和它的精神本原和神圣本原分开；它们一方面不是物质的侍奉者和崇拜者，另一方面也远离抽象唯灵论。物质对于他们既不是魔鬼，也不是神，而只是尚未建成的神人精神的殿堂。他们关注自然物质，但不是为了侍奉它，而是为了在它之中和通过它来侍奉最高的神。"他们应当在物质中区分洁净之物与不洁净之物、神圣之物与恶劣之物，以便把自然物质变成当之无愧的最高存在物的殿堂。"[9]因此，神圣肉体观念和对实现这一思想的关注，在以色列生活中所占的位置比在任何一个民族中所占的位置都更加重要。可以说，犹太人的全部宗教史都是为了给以色列的神准备神圣心灵和神圣肉体的。

　　由上所述，我们可以了解，犹太人的这种宗教唯物主义与该民族的另外两种品质——强烈的宗教性与人的自我意识以及独立活动的能力不仅丝毫不矛盾，而且是后者的直接补充。正是由于犹太民族的这三种品质在其共同作用中直接符合该民族的最高使命，促进了神的事业在其中的实现，所以，它才能成为神的选民。"由于对真神的坚强信仰，以色列得到了神的显现和启示；由于对自己的信仰，以色列能够与耶和华建立个人关系，和他面对面，与他订立盟约，不是作为消极工具来侍奉他，而是作为积极的盟友；最后，也是

---

9　[俄]Вл.索洛维约夫，《俄罗斯与欧洲》[M]，石家庄，河北教育出版社，2002，第108页，徐凤林　译。

由于这一积极信仰，以色列在对最终实现自己精神原则的追求中，在自身中为圣道的体现准备了纯洁神圣的殿堂。"[10]

犹太民族神权政治的基础是"祭祀"。人与上帝之间的联系由于人的罪行而被破坏，但可以通过祭祀得到恢复。犹太民族历史事件的第一次行动，民族神权政治的第一次体现就是"祭祀"。上帝的天使就是这样命令摩西的，摩西就是这样告知法老的，以色列的后代们在走出埃及那天也是这样做的。在祖先那里，祭祀只是对上帝感激和忠诚的一种外部表现形式，与祖先的个人神权政治中的祭祀不同，在犹太民族的神权政治那里，祭祀则是赎罪的手段。如果说"听从"和"笃信"的结果使亚伯拉罕和上帝直接联合起来的话，那么，对犹太民族来说则不可能有这种直接的联合，因为首先要清除他们自己设置的他们与上帝之间的障碍，即使不是取消，至少也要阻止那些新的罪孽行为，并在某种意义上，将全世界的罪过承担到自己身上。于是，在同以色列后代恢复他们祖先立的约之前，首先必须要赎他们的罪孽。而赎罪的主要手段就是"祭祀"。因此，"祭祀"成为摩西律法的第一条法规，祭祀能赎罪也是摩西律法的基本思想。《圣经》中有很多关于祭祀的记载，如"耶和华晓谕摩西说：以色列中凡头生的，无论是人是牲畜，都是我的，要分别为圣归我。"（出埃及记13∶1～2）"你要将头生的儿子归给我；你牛羊头生的也要这样，七天当跟着母，第八天要归给我。你们要在我面前为圣洁的人。"（出埃及记22∶29～31）"凡头生的都是我的，一切牲畜头生的，无论是牛是羊，公的都是我的，头生驴要用羊羔代赎，若不代赎，就要打折它的颈项，凡头生的儿子都要赎出来。谁也不可空手朝见我。"（出埃及记34∶19～20）等等。

头生是泛指直接地表现和再造自己生产者天性的产物。它的延续，是巩固它，使产生自己的生命体的生命永远保存下去。而人的天性会不由自主地背离同上帝的正面联系，堕落为罪孽，因而这样的天性不值得再生，这样的生命也自然不应该被继续。由于头生子们使这种罪孽延伸下去，所以为了使人类能终止罪孽，恢复被破坏了的同上帝的联系，必须将罪孽之子变为上帝之子，将头生子还给上帝，用他们来祭上帝，牺牲他们。因此，将自己的头生子献给上帝，实际上就等于生命体承认了并表示出他本人及其所属回到了上帝的统治之下。实质上是他找回了自我，赎回了自己生存的权利。

---

10 [俄]Вл 索洛维约夫，《俄罗斯与欧洲》[M]，石家庄，河北教育出版社，2002，第109页，徐凤林 译。

完整的祭祀思想包括三个方面的内容：第一，无邪的赎罪的血；第二，吞没现实中最后罪孽并能鼓舞、圣洁人类，并将它变为耶和华喜欢的奉承的火焰；第三，高尚的、能给人以力量的、以新的面貌使人同上帝联系起来的食物。这三个方面包括祭祀活动的开始阶段，然后是它真正的集中点，最后是实现它的祭祀目的。祭祀思想的这三方面的组成在摩西的有效的律法中表现为三类祭祀。第一类为赎罪祭，其拥有的意义属于"血"；第二类为燔祭，其特别的重要性是应将一切祭品都烧尽的"火"；第三类为平安祭，它的特点在于共同的餐桌。索洛维约夫认为，将祭祀划分为这样三个方面不是他随意作出的，而是以《圣经》中实际的叙述为基础的。

既然祭祀构成了神权政治首要的和必要的基础，那么神权政治的社会结构在祭祀章法中也自然地被事先确定下来。对于以色列民族来说，一个被涂了油的祭司在宗教意义方面应该等于整个以色列社会，因为赎一个祭司的罪的祭祀仪式，同赎所有人民罪的祭祀仪式是一样的。因此，在神权政治体制的基础上应该将祭司们从人民中划分出来，这种从整体中划分出部分，并将其置于整体之上，是神权政治在其发展过程中，作为一个必要手段的常见的方法，但不是作为期望的目的。这种将祭司从全社会突出出来并不是使它与社会相脱离，而是仍然将它作为社会统一体中的因素。祭司们对于全世界的意义，就像头对应于身体一样，即作为主要部分它不能脱离身体而孤立存在，同样，整个身体在自己发展的进程中也不能没有这个主要部分。在神权政治社会中，除了祭司之外，还有积极的人——长官或首领与消极的人——普通老百姓两类人，他们与祭司一起构成了一种等级制度。

神权政治的最高理想和历史进程的最终目的在于，让最高的上帝的因素展现开来，并占据人的内心，让亚伦单独突出出来的祭祀职位不再有用，或者说，让所有上帝的人民成为上帝全权统治的祭司。这一目的必须通过服从上帝的律法而达到，即服从于祭祀的宗教仪式；服从于社会结构为每个人创立的、将上帝的行为引入人民大众生活的等级制度；最终服从于将人类所有行为适应于上帝平等和爱的要求的宗教——道德法律。

## 三、未来的神权政治——世界的神权政治

由以上所述，我们知道，以色列的神权政治具有的特点是非个人的，亦非全世界的，而只是民族的，因为它的直接目的是保护作为耶和华的遗产和

上帝的评判执行者的当选民族的完整性。在这样的神权政治中，单个的以色列人所具有的意义和价值只取决于对自己民族特殊使命忠诚的程度，取决于他与神权政治整体利益一致的程度。如果他不仅退出联盟，而且反对联盟，破坏它的基本典章，那么其他人直接关心的是他的死亡，并一定要消灭他，民族神权政治丝毫不关心保护这样的人。所以，即使是在它发展的顶峰时期，它也无法完成当初自己提出的最终目的——地球上的人类或所有民族都蒙受它的祝福。大卫王权统治时期实现的国家神权政治标志着犹太民族神权政治发展的顶点，而由于国家神权政治不是上帝事业本身的目的，因此，这一顶点也就是其衰败并向世界神权政治过渡的开始。在国家神权政治面临终结时，犹大和以色列写了另一部书——预言关于新的世界神权政治的书，这种神权是所有世俗国王不可战胜的，同时能控制所有世俗百姓。在他们的描写中，未来救世主是完全的先知，是真正宗教的胜利，他在人的心中确立了上帝的律法，传播对上帝的真正认识，最后上帝的圣灵则照耀所有生灵。在这方面，《圣经》也有很多记载，如"耶和华说：'我指着自己起誓，我口所出的话是凭公义，并不反悔。万膝必向我跪拜，万口必凭我起誓。人论我说：公义、能力，惟独在乎耶和华。人都必跪向他，凡向他发怒的，必致蒙羞。'"（以赛亚书 45：23～24）"我的百姓啊，要向我留心；我的国民哪，要向我侧耳。因为训诲必从我而出，我必坚定我的公理为万民之光。……你们要向天举目，观看下地，因为天必像烟云消散，地必如衣服渐渐破旧，其上的居民也要如此死亡（'如此死亡'或作'像蠓虫死亡'）；惟有我的救恩永远长存，我的公义也不废掉。"（以赛亚书 51：4～6）等等。索洛维约夫将这种新的神权政治称为上帝的王国，认为这样的王国不但存在于外界，而且也存在于我们的内心，将内心的上帝王国与外界的上帝王国完全融合在一起，这就是我们努力争取的目标。而要实现上帝的王国，首先必须在我们内心形成上帝王国的崇高位置，而为了进入内心的王国，又"需要费劲和努力清除我们感情和生活之间的任何矛盾，我们内心的位置和我们见得着的现实之间的矛盾。"[11]

内心的上帝王国存在于我们的心中只是一种可能，一种天赋。这种天赋的作用被邪恶所压制，但没有被它毁灭。所以，只要我们努力排除种种干扰，执著地追求，用心地呵护，它就会发芽、成长，并最终结出果实。为了上帝

---

11 [俄]Вл.索洛维约夫，《神权政治的历史与未来》[M]，北京，华夏出版社，2000，第 278 页，钱一鹏 高薇 尹永波 译。

的光荣的种子在我们的心地里生长出果实，要求我们，第一，对上帝的道理要领会明白；第二，对上帝的道理要领会得深；第三，要求道义的力量，没有这种力量强烈的表现，就不能战胜起反作用的影响。

在索洛维约夫看来，上帝王国的完善不是一下子的事情，必须通过有机的成长过程。就像《圣经》里所说的："耶稣又设个比喻对他们说：'天国好像一粒芥菜种，有人拿去种在田里。这原是百种里最小的，等到长起来，却比各样的菜都大，且成了树，天上的飞鸟来宿在它的枝上。'"（马太福音 13：31～32）在这一过程的开始，只能依靠俄罗斯民族所发挥的作用，因为该民族具有完成这一任务的所有特性。

上帝王国的真正的物质形式是教会。在《圣经》中已给出了教会的三种主要形象：第一，教会应当生存在现实的基础上；第二，教会应当有自己的生活和发展；第三，它应当成为完美的教会。《圣经》将教会比喻为大厦，身体以及新娘，无论哪一种比喻，都与基督密切相关。如果教会是大厦，它的奠基人就是基督；如果教会是身子，它就是基督的身子；如果教会是新娘，它也是基督的新娘。

教会是一个复杂的机体，它由部落和民族所构成，这个机体不一定确立一个等级制度而共同团结一致，但要为所有的教会部门和成员提供一个丰富多采的教会生活。在机体的各个组成部分之间应该存在着有机的联系，就像身体一样，由特殊的器官和不同的生物组织构成。所有这些组成部分都有自己一定的意义，不仅在整体当中按自己相对的地位有一定意义，而且按自己的个性也具有一定的意义。在教会里生存着作为体系的教会，在生活中保持着秩序，在组织中遵循着建筑艺术。所有的教会成员在教会生活中，首先是听从，然后是首创精神。在听从方面，大家都是相同的；在首创精神方面要有自己的意义，要采用生活的特殊性，各种不同的特点和各部落、各民族以及个人的天赋与才干。为了完整而健全的身体，同样需要：第一，正在形成的肢体的发育和独立自主；第二，肢体正确地服从整体，并彼此不断地相互作用。作为基督身体的丰富多采的组成部分，一点也不损坏上帝家庭的严整，同样，精神上的人格化的上帝新娘的团结一点也不损害教会有机体的丰富多采的生活，只要把这丰富多采的生活提高到一种生活道德的最高水准，即不仅是团结的最高水准，而且是自由的最高水准。这两种标准有着直接的关系，在教会里作为整体组成部分的神人只有最少的自由，因为这个整体的所有肢体是同样地从属于整体的计划；这里也只有最低限度的团结，因为整体的砖瓦联系只是外部的相互联系。在教会里作为整体的神人有更多的自由，因为这里的每个成员都带来了自己个人生活方式的特点；同时这里也有更好的团结，因为这里的不同成员彼此的联系更加频繁地相互作用，彼此支持，彼此补充，因此是有机的团结。这种团结是不可能被摧毁的，因为它是精神上完美的团结，是绝对符合自由的全面的最终的团结。

在教会生活的第一个阶段，教会成员在听命方面采纳了教会的条理、秩序。第二阶段他们用自己的独创精神来表现教会生活。第三阶段他们通过道德上的功勋来实现教会的完美。为了实现教会的完美，必须有实现这个完美的条件，这些条件包括：第一，顺从地采纳教会的条理、秩序。第二，在这种秩序的范围内积极运用自己的天赋才干。第三，不要满足于无论是这种秩序，还是教会的这种生活，要坚决给予教会完美的理想，并为这理想贡献一切。

在教会里，天国还没有展现开来，而只是在展现，还没有达到完美，而只是在完善。教会作为基督的身体，还需要发育和生长，"直到我们众人都达到对于上帝圣子有一致的信仰和认识，成为成年人，达到基督圆满年龄的程度。"（以弗所书 4：13、15～16）作为基督身体的教会，"开始是以最初的基督徒所组成的为数不多的社团形式出现的幼小的萌芽，逐渐地成长和发展，以便在时间的末了，包容整个人类和整个自然于一个普世的神人类有机体里；" [12]

在教会中，我们可以找到两个不同的方面：绝对方面和相对方面。从教会的神性方面说，教会作为圣物，是由圣传所保持的，是某种绝对不变化不运动的东西，相反，从教会的人性方面说，教会具有相对性和实践性，是某种运动变化之物，但教会的这种运动变化不是盲目和混乱无序的。人类的多种多样的力量由精神政权联合在一起，这些力量的自由由精神政权来领导，精神政权在本质上是神的权力，在自己的表现和活动中是人的权力。在教会传统的不变基础上，人类的自由力量应当在精神政权的共同领导下协调一致地运动发展。这种教会精神政权领导人类和世界走向自己的目的，也就是把所有人都联合成一个神人之体，其中受造物的全部力量都能动地体现为自身统一的神。

---

12 [俄]Вл.索洛维约夫，《神人类讲座》[M]，北京，华夏出版社，1999，第 169 页，张百春 译。

## 第三节　神权政治的实现途径及其乌托邦性

### 一、教会的联合

上面已经说过，教会作为基督的身体，需要发育和生长，它开始只是以为数不多的社团形式出现，经过逐渐发展，最后成长为普世的神人类有机体——自由神权政治社会。很显然，教会作为这一发展过程的主体，必须具有整体性或者一致性，否则，就会影响这一过程的进程甚至最终目标的实现。然而不幸的是，在教会的发展过程中，的确发生了影响这一进程的事件，这就是东西方教会的分裂。

东西方教会的分裂主要表现为对教会中神的作用与人的作用的不同态度上，"人在教会中的作用可能要么过分弱小，使教会生活僵化和停滞，要么过分强烈，以人的情欲和人的需要的混合物歪曲了神的事业。在基督教基础上，人类面临两种危险：东方的呆板和西方的浮华。"[13] "东方人按自己的方式理解教会，西方人也按自己的方式理解教会，双方不是在对方中寻求对自己片面性的补充，而是每一方都只寻求自己的东西，把自己的片面理解当作唯一正确的和绝对必要的，这样，与恶意志相联系的观点上的理论纷争，最终导致了实践上的分裂。"[14]对于东方教会来说，能理解基督的神人性，但不能理解教会的神人意义，希望在教会中只有神的东西，没有人的东西。西方教会则相反，希望在教会中尽量削弱神的作用，将人的作用发挥到极至。

由于教会的最终发展目标是神人类社会的实现，而神人类社会则要求人和神之间的内在联合，这种联合需要在神的因素和人的因素之间达到一种平衡，因而以破坏人的作用与神的作用之间平衡为表征的东西方教会的分裂，对于实现上述目标无疑会起阻碍作用。人类历史的发展也证明了这一点，"教会分裂对整个基督教世界来说都是一场最大不幸，首先表现在对正教东方的恶果。正如我们已经看到的，虽然异端学说在东方的流传和异端习俗的主导地位已经准备和证明了最大异端伊斯兰教的成功，但同时不应否认，亚洲蛮族在基督教东方的完全胜利取决于基督教东方脱离了一般欧洲生活，在佛罗

---

13 [俄]Bл 索洛维约夫，《俄罗斯与欧洲》[M]，石家庄，河北教育出版社，2002，第36~37页，徐凤林 译。

14 [俄]Bл 索洛维约夫，《俄罗斯与欧洲》[M]，石家庄，河北教育出版社，2002，第37页，徐凤林 译。

伦萨会议妥协未果之后，发生了拜占庭与拉丁世界的彻底分裂，紧接着就是东部帝国的可悲结局——君士坦丁堡被土耳其人占领。"[15]因此，要实现人类在基督的教会中的自由联合，"基督教政治的第一任务是恢复教会的统一。"[16]

索洛维约夫认为，东西方教会的分裂不是教会原则的分裂，而只是教规与宗派的分裂，也就是说："基督教东西方的分裂和对抗不是由于这两个教会原则本身，而只是由于它们的暂时的消极处境，这只涉及教会的历史现象，而不涉及教会的真正宗教本质。"[17]因此，就教会所包含的上述两方面内容来说，教会的统一与联合不是指它的绝对方面——教会神职的不断传承与教会信条的永恒真理以及教会圣事的有效力量方面，而是指它的相对方面——与教会真理相符合的人的活动方面。就教会的绝对方面来说，两个教会的统一性存在于基督和他的恩赐行为之中，但这种统一还应当依靠我们自己的活动在我们自己的现实中实现。

人类历史上也有过若干次教会联合的尝试，但那样的统一通常只是达到世俗政治目的的手段，它将东西方教会看成在本质上彼此完全独立的社会机体，而很少注意到两个教会在基督的本质统一。因此，它们都是虚假的联合，必然要么是不可能的外部改变，要么是不道德的妥协。对于前者来说，统一只是外在的，外部条件一发生变化就会又发生分裂；对于后者来说，统一只能是一方力图在统一的外表下压倒和吞没另一方。

因此，教会的联合，认为不在于创造统一的普世教会，因为这个教会无需创造就已经在本质上存在了，而在于使教会的外部表现合乎它的本质，即应当通过两个基督教社会的外部重新统一而使我们的眼光所看不见的、普世教会的本质统一成为明显可见的。索洛维约夫认为，这种重新统一只有通过我们的善良意志才能做到。它的出发点应当是：第一，承认两个教会在基督教中的本质统一，第二，有把这种本质统一贯彻于两个教会的纯粹人际关系之中的道德需要和义务，以便使教会在世界上成为统一的。它要求我们首先应当直接从现有状况着眼，承认教会的两个历史半部中，每一半单独来说都

---

15 [俄]Вл 索洛维约夫，《俄罗斯与欧洲》[M]，石家庄，河北教育出版社，2002，第49页，徐凤林 译。

16 [俄]Вл 索洛维约夫，《俄罗斯与欧洲》[M]，石家庄，河北教育出版社，2002，第84页，徐凤林 译。

17 [俄]Вл 索洛维约夫，《俄罗斯与欧洲》[M]，第87页，石家庄，河北教育出版社，2002，第87页，徐凤林 译。

是教会的一部分，而只有当它同另一半相结合时，才能被认为是整个教会或普世教会。因为教会的分裂，亦即东西方教会的人们之间的统一友爱的关系的破坏，正是从以下观点中自然产生的，按此观点，基督教两个主要部分的每个部分都认为自己单独就是全部，就是完善的普世教会。"由此产生了东方的骄傲自满的孤立化，由此也产生了西方的过于自信的新学说热忱。"[18]

在教会分裂的状态下，保持教会真理，曾经是正教东方的主要任务；在统一和绝对自主的精神权力领导下组织教会活动，曾经是天主教西方的主要任务。实际上，这两个任务并不是相互排斥、相互否定的，相反，无论是逻辑推理还是历史经验都告诉我们，教会生活的完满性要求同样关注这两个任务。也就是说，东方人维护教会传统的圣物，是正确的，天主教徒坚持教会权力的统一性和独立性，也是正确的。他们的错误在于，都不想承认东西方因素在教会生活之完满性中的不可分割性以及它们对教会完善的同样必要性。

相互承认之后，互相谴责就将被互相辩护所代替。因为"我们在承认他人真理的时候，就使自己的真理成为完全正确的，就达到了完满的内在辩护。"[19]这种从自己个人的真理到普世的真理的转变，也就是基督教普世政治的原则。如果我们完全维护了自己的宗教真理，同时又承认他人原则的真理性，我们就会因此而使自己的真理摆脱那些甚至最体面的自负与自私的一切杂质。只有如此我们才能进入这样的宗教——道德情绪，没有这种情绪就不可能有真正的教会联合；而当有了这种宗教——道德情绪的时候，真正的统一就已经实现了，教会之间的正当关系就已经自己确立起来了，其他的一切问题都会因这种情绪的产生迎刃而解。

## 二、依靠俄罗斯民族的努力

索洛维约夫将人类社会的发展分为三个阶段：在第一阶段，社会的各个构成形态或部分（创造领域的技艺、高雅艺术与神秘；知识领域的实证科学、抽象哲学与神学；实践活动领域的经济社会、政治社会与精神社会）处于模糊或混乱之中，因此，每个部分都不能作为独立的成分而具有现实的单独存

---

18 [俄]Вл 索洛维约夫，《俄罗斯与欧洲》[M]，石家庄，河北教育出版社，2002，第90页，徐凤林 译。

19 [俄]Вл 索洛维约夫，《俄罗斯与欧洲》[M]，石家庄，河北教育出版社，2002，第91页，徐凤林 译。

在，而只能潜在地存在着。在第二阶段，低级因素摆脱高级因素的控制而显露出来，并追求绝对的自由。这时，不仅存在着低级因素反对高级因素的斗争，而且在低级因素自身范围内还必然发生内讧。在第三阶段，低级因素自由地和自觉地接受作为它们自身生活必要中心的最高阶段的支配，从而形成为一个新的、完全有机的联合体。他认为，人类历史的第一个时期，即远古时期属于第一阶段，自基督教产生开始，人类历史就进入了第二个阶段，如果说第一阶段的特点是融合的话，第二阶段的特点就是分化。第一阶段由伊斯兰的东方为代表，第二阶段由西方文明为代表。正如第一阶段不可避免地要被第二阶段代替一样，以西方文明为代表的第二阶段如今也正在难以抑制地趋向普遍瓦解，即分解为低级构成因素，丧失一切普遍性的内容，丧失存在的所有绝对本原。因此，它也注定要被第三阶段所代替。第三阶段是人类历史的未来阶段，也是人类社会发展的终极阶段，也就是他所说的自由的神权政治社会。在此阶段，社会机体的各个领域与部分应处在完全内在的自由结合或综合状态，它们"必将构成一个其基础和目的统一的、其器官和部分是三重的多形式有机整体。所有器官的正常的协调一致的活动，构成新的共同领域——完整的生命。"[20]

索洛维约夫认为，对于人类社会发展的每一个阶段，都存在着与之相适应的一般原则，他称这样的原则为力量。这种力量构成了推动社会发展的决定因素，因此，要推动社会的发展，首先必须获得相应的力量。古代社会之所以处于模糊与混乱之中，是由原始统一的原则或力量所决定的，以西方文明为代表的人类社会的分裂状态是由分化的原则或力量所决定的。作为原始统一的第一种力量与作为高度分化的第二种力量要么存在于外部世界之中，要么存在于作为个别的和相对的存在物的人自身之中。至于第三种力量，由于其任务已经不是造就生命和知识的个别元素，不是创造新的文化形式，而是要用崇高的和解本原使敌对的因素和在仇怨中死亡的因素复活与变得高尚，赋予它们以一般的绝对内容，从而使它们摆脱唯一的自我确认和相互否定，因而它不可能存在于上述两个方面的任何一个方面之中。很显然，这样的力量只能存在于神的世界里，我们要获得它，只能依靠崇高的神的世界的天启。而这种力量借以显现的那些人或民族，必定是人类和超人类现实之间

---

20 [俄]Вл.索洛维约夫,《西方哲学的危机》[M]，杭州，浙江人民出版社，2000，第192页，李树柏 译。

的中介者，是这种超人类现实的自由的和自觉的工具。这样的民族不应有任何特殊的有限任务，它的使命不是研究人类存在的形式和因素，而只能是传递活的灵魂，通过把人类和整个神圣的本原结合起来的途径，使支离破碎半死不活的人类凝聚成一个整体。这样的民族不需要任何特殊的优点，无须任何特殊的力量和外在的天赋，因为它的行动并非出自自身，也不是在实现自我。只要求它摆脱一切局限性和片面性，超越狭隘的特殊利益；要求它别一门心思在生活和活动的某个个别低级领域确认自己；要求它心平气和地对待这整个生命及其细小的利益，对崇高的世界的肯定的现实要充分信赖，对该世界要抱着听其自然的态度。"这些特性无疑专属斯拉夫民族性格，尤其是俄罗斯民族的民族性格。"[21]在索洛维约夫看来，除了俄罗斯之外，历史条件不允许寻找第三种力量的其他体现者，"因为历史上的其余各个民族，皆受制于人类发展的两大低级特殊潜力之一：历史上的东方民族受制于第一种潜力，而西方则受制于第二种潜力。只有斯拉夫民族，尤其是俄罗斯民族，始终置身于这两大低级本原之外，因此能够成为第三大本原的历史传播者。"[22]也正因为如此，俄罗斯民族的历史使命注定是宗教使命。尽管至今加在俄罗斯民族头上的是奴隶形象，俄罗斯在经济和其他方面的地位卑微，这不仅不能否定它的使命，反而会肯定它的使命，因为应当由俄罗斯民族传送给人类的崇高力量，不是出自这个世界的力量，外在的财富和秩序对它不可能具有任何意义。

索洛维约夫将人类社会由第二阶段到第三阶段的发展过程具体描述为，俄罗斯在接受自己的宗教使命时，并非整个民族一拥而上，一开始只能借助于俄罗斯民族中的一个较为狭小的联盟、团体或协会。然后向人类的其余部分扩展，到那时历史进程本身将迫使人类弃绝其一切旧的衰老本原，而自觉服从新的最高本原，进入自由的神权政治时期。

为了实现自己的宗教使命，俄罗斯应当全心全意地投入基督教世界的共同生活，并与其他民族携手合作，倾民族全力，以实现人类彻底的宇宙统一，因为基督的教会已经为我们提供了这种统一的无可争议的基础。索洛维约夫明确指出，就现实情况而言，俄罗斯民族的最大问题是民族利己主义精神仍

---

21　[俄]Вл.索洛维约夫，《西方哲学的危机》[M]，杭州，浙江人民出版社，2000，第189页，李树柏　译。

22　[俄]Вл.索洛维约夫，《西方哲学的危机》[M]，杭州，浙江人民出版社，2000，第189页，李树柏　译。

然很顽固。它与宗教信仰结合起来，使本来应该是宇宙统一和团结的坚若磐石的教会，对俄国来说成了狭隘民族分立主义的保护神，有时甚至是利己主义和复仇政策的消极工具。因此，为了保持和表现俄国的基督教性质，俄罗斯应该彻底抛弃时代的假神——民族主义，为真正的上帝而牺牲自己的民族利己主义。

## 三、神权政治理想的乌托邦性

从上述实现神权政治的途径，我们可以看到，它们都显得比较空泛，并不具有实际上的可操作性。教会的联合最终被归结为善良的意志行为；能够体现第三力量的俄罗斯民族的所有努力最终也只是被简单地归结为放弃自己的民族利己主义这样一种无力的呼吁。为什么索洛维约夫不提出具体的可操作的实现途径呢？是他的智力不允许，还是他不愿意？显然都不是，真正的原因在于他提出的神权政治的理想本身所具有的乌托邦性，也就是说，神权政治的理想虽然诱人，然而却无法实现。别尔嘉耶夫说："他的神权政治是真正的宗教乌托邦，它按照皇帝、最高主教和先知三方的模式构造，就此而言是很具唯理主义色彩的。"[23]

索洛维约夫从气质上说，属于那种乐观、浪漫类型的人，这样的人是很容易产生乌托邦思想的。К.法拉杰夫说："乌托邦的情绪经常表现在索洛维约夫的社会—哲学的改造热情之中。"[24]还是在 20 岁时，索洛维约夫就写道："自觉地相信人类目前的状况不是它应该达到的那样，对于我来说，意味着它应该被改造，被改变。"[25] 美国哲学家 P.普尔 指出，按照他的术语，俄罗斯的非理想主义者，如 Е.Трубецкой 和 П.Новгородцев，能够理解，"关于拯救的末世论思想由历史的超验领域转向人类历史存在的内在范围，使得不同的乌托邦思想体系结合在一起。"[26] 在这种情况下，P.普尔 着重指出，"俄罗斯非理想

23 [俄]Ни.别尔嘉耶夫，《俄罗斯思想》[M]，北京：生活·读书·新知三联书店 2004 年 3 月出版，第 126 页，雷永生 邱守娟 译。

24 К.Фараджев：《Владимир Соловьев：мифология образа》， ——издательство：《Аграф》，2000.c.129.

25 转引自 Фараджев К.В.，《Владимир Соловьев：мифология образа》[M]，《Аграф》，2000，c.130.

26 转引自 Фараджев К.В.，《Владимир Соловьев：мифология образа》[M]，《Аграф》，2000，c.131.

主义者们对索洛维约夫的乌托邦思想的批评，在某种程度上预先指出了充斥于 20 世纪的乌托邦主义的最优秀的研究者们的结论。"[27]

社会—哲学的乌托邦主义确实经常建立在将末世论转向存在的历史结构这一基础之上，大概类似的诱惑被包含在"实践的理想主义"这一概念之中，它是索洛维约夫在"普希金的命运"一文中提出的，我们同样应用那样的实践理想主义，并且无论是对于公共的还是对于私人的，甚至是对于最隐秘的关系，它都是必须的。很显然，随着理想获得独立自在的意义，周围的现实性就可能从视野中消失了，但理想可以被接受首先是为了从不可忍受的压迫和周围的因循守旧中解脱出来这一目的的。

对理想的理解与索洛维约夫对末世论的乌托邦企望之间的联系在历史领域表现在一个定义中，这个定义是索洛维约夫在《俄罗斯的民族问题》一书中提出的："相信理想，意味着，第一，承认它具有客观基础……第二，承认它最终实现的可能性，接受它作为在历史过程中已经解决和正在解决的任务……第三，我们必须将它看作我们自己的事业。"[28]但是，П.Новгородцев 不同意该定义的第二点，在他看来，"承认绝对理想的概念作为出发点是必然的……我们同时应该承认，想象这一理想在通常现实的条件下完全地实现是错误的与虚假的……应该记住，绝对理想在人类关系的世界完全的实现是对正常条件的破坏，是普遍改变的奇迹，这一奇迹超出了人类的强大力量和哲学的预见。"[29]

---

27 转引自 Фараджев К．В．，《Владимир Соловьев：мифология образа》[M]，《Аграф》，2000，c.131.

28 转引自 Фараджев К．В．，《Владимир Соловьев：мифология образа》[M]，《Аграф》，2000，c.132～133.

29 转引自 Фараджев К．В．，《Владимир Соловьев：мифология образа》[M]，《Аграф》，2000，c.133.

# 第六章　索菲亚学说

## 第一节　索菲亚学说的历史发展

### 一、从古希腊到文艺复兴时期的索菲亚学说

"索菲亚"一词源于古希腊语"Sophia"，本意为"智慧"。哲学一词就出自古希腊文（philo—sophia），意为爱智慧。后来，新柏拉图主义者普罗提诺从审美的角度第一次赋予了"索菲亚"一词以特殊的规定性。在他的学说中，"索菲亚"被称为灵魂，他认为，灵魂是纯粹思想的产物，它活动而有观念。它具有两个方面：一方面趋向纯粹的思想，另一方面又趋向感性世界，即它不仅具有内在的智慧，而且还具有外在显现的能力。在第一种情况下，它作为思想而活动，沉思纯粹观念；在第二种情况下，它有欲望，不得不给物质以秩序。因此，它实际上已不单纯是一个抽象概念，而是具有一种创造能动性的力量。也就是说，它不仅是观念，而且还可以将观念实现出来。普罗提诺称第一方面为世界灵魂，第二方面为自然。这与我们通常所说的观念的实现不同，因为我们通常所说的观念的实现，其主体力量是人，而在作为索菲亚的观念的实现中，虽然也离不开人，但此时的人只不过是它的工具而已，不再具有主体意义了。

在《圣经》中，"索菲亚"一词也有智慧之意，它最早出现在《圣经》的后典——《所罗门智训》里，在那里有对"索菲亚"的许多赞美，如："智慧闪烁着明亮的光辉，永不暗淡"，"智慧之灵是圣洁的并且具有理性。她只有一

种本质，但却有多种表现形式。她并不是由任何具体物质构成的，因而是畅行无阻的，清洁的，自信的，她不可能受伤"，"智慧具有非凡的活力，她是如此的纯洁，以致她能透入一切之中。她是上帝之能的一口气——一股来自全能者的纯洁而闪光的荣耀之流。任何污秽之物皆无法溜进智慧之门。她是无限光明的一个映像，是上帝之活动与善性的一面完美无缺的镜子"，"世世代代以来，她进入圣徒的灵魂，使其成为上帝的朋友……"（《圣经后典·所罗门智训》1996：110~113）等等。在正典的《旧约·箴言》里我们遇到了对"索菲亚"概念的发展："上主在造化之初，在亘古，他先造我。在太初，大地形成之前，我就被造。"（圣经·旧约·箴言8：22~23）这就是说，索菲亚是理念，上帝在自己的创造中就拥有了它，上帝在创造中实现着这个理念。

文艺复兴时期，德意志神秘主义哲学家Я·伯麦对索菲亚提出了自己的新的解释。他将索菲亚看作永恒的童贞，认为，索菲亚有童贞，具有人的完整性与雌雄同体的形象，并且具有昏暗情绪，正是这种昏暗情绪导致了人的堕落。人的堕落就是人丧失了自己的处女——索菲亚。失身后索菲亚飞向天堂，而地球上则出现了夏娃。因此，人总是怀念自己的处女，怀念完整性。性别是分裂和堕落的标记。很明显，索菲亚学说在伯麦那里主要是具有人类学性质，Я·伯麦关于索菲亚的学说与柏拉图关于雌雄同体的学说以及希伯来神秘哲学——卡巴拉具有相似之处。

## 二、索洛维约夫索菲亚学说的特点

由上面的介绍我们已经知道，关于索菲亚的思想、理论古已有之，索菲亚学说并不是索洛维约夫的独创，他只是利用已有的思想成果来阐述自己的思想，当然，在这一过程中，他也就同时使索菲亚学说具有了新的特色。他的索菲亚学说既揉进了《圣经》、卡巴拉、教父的某些因素，又继承了Я·伯麦、波达热（Pordage）、斯威登堡（Swedenborg）圣马丁（Saint-Martin）等人的"永恒童贞"的思想，还从但丁、彼得拉克（Petrarque）、诺瓦利斯（Novalis）、雪莱、歌德以及普希金与莱蒙托夫等人的诗歌中汲取了营养。因此，索洛维约夫的索菲亚思想比较复杂，在1995年俄国出版的《俄罗斯哲学辞典》中，关于索洛维约夫的索菲亚学说的条目主要强调了以下几点：（1）它是在西欧神秘主义和诺斯替教、卡巴拉学说的影响以及他自己的神秘体验下形成的。（2）在绝对中，索菲亚是第二极，是潜在的极，是存在的直接可能性，是第一物质，是上帝中的自然；而在自然世界中，索菲亚是神人耶稣基督的躯体，是完善人类的机体。（3）索菲亚想与上帝一样拥有自己的一切，于是陷入了形而上学的分散性的反上帝状态，使自己从上帝的绝对中心中分离出来，从而丧失了自己的相对中心的地位，结果由中心降低到了外围。（4）索菲亚是解决世界恶的问题的必要环节，索洛维约夫认为恶没有物理的根源，只有形而上学的根源，这就是索菲亚中个人利己意志的诱发，其结果是造成统一机体分解为众多的个别元素，世界有机体成了原子的机械组合。世界从混乱进入秩序是赋予消极和女性的世界灵魂以上帝的逻各斯的过程，上帝的逻各斯造就了世界灵魂，这是上帝的体现和赎罪的过程。索菲亚在其中是作为基督的躯体、圣母和教会以及统一的神人类或者它的理想个体来显现的。（5）在索洛维约夫这里，索菲亚的理念在关于神人类、神权政治国家和哲学史的学说中占据着中心位置，索菲亚是构成索洛维约夫三大世界观——神智学、神权政治、巫术——的组织原则。（6）索菲亚被展示为永恒的女性，它有别于三个位格的上帝，其基础是纯粹的无，但是它从上帝那里接受了绝对完善的形象，这就是上帝之爱的"永久对象"和"鲜活的理想"。概括起来，索洛维约夫的索菲亚学说具有以下特点：

第一，它不仅具有人类学的性质，而且具有宇宙论的性质。赋予索菲亚学说人类学意义并不罕见，在历史上就有过这样的例子，如 Я·伯麦的索菲亚学说就是如此，索洛维约夫的索菲亚学说也继承了这一点。但赋予索菲亚学说宇宙论意义则是索洛维约夫的首创。在索洛维约夫看来，"从神的、完善的原则出发的宗教意识发现，现实的自然世界是与这个原则不相符合的，即是不完善的或不正常的，因此是神秘的和不可理解的。这个世界是某种不真实的和不应该的东西，所以，需要从真正的和应该的，即从另外一个超自然的或神的世界出发，对它进行解释，这另外的世界向宗教意识启示，作为它的肯定的内容。"[1]这里所谓从另外一个超自然的世界对自然世界进行解释，就是要说明，自然世界是如何从神的世界中分裂出来的。索洛维约夫认为，从绝对的角度看，整个世界都处于统一之中，索菲亚或世界灵魂作为神的原则的实现，作为神的原则的形象和样式，在原初同时是统一和一切，它在众多的活的存在物和神的绝对统一之间占有中介地位。但是，世界灵魂接受神的原

---

1　[俄]Вл.索洛维约夫,《神人类讲座》[M]，北京：华夏出版社1999年9月出版，第126页，张百春 译。

则并受它所规定，不是由于外在的必然性，而是根据自己的作为，因为它在自身中拥有独立的作用原则或意志。因此，世界灵魂尽管拥有一切，但它希望以另外的方式拥有一切，"即它可以像上帝一样从自身出发，拥有一切，它能够渴望，使得在属于它的存在的完满之中，再加上一种绝对的独立性，以便独立地拥有这个存在的完满，但这个绝对的独立性是不属于它的。"[2]这样，世界灵魂就必然地丧失了自己的中心状态，从神的存在的一切统一的中心降低到众多的被造物上来，丧失自己的自由和对这些被造物的统治。"随着世界灵魂的独立，即它在自身里唤起了自己的意志，因此，与一切分离，这时，世界有机体的个别元素在世界灵魂里就丧失了共同的联系，它们自己代表自己，获得了分离的利己主义的存在，这个存在的根源就是恶，而它的结果就是痛苦。"[3]这也就是说，恶的自然世界与神的世界在构成元素上并没有区别，它们之间的区别主要在于这些元素之间的相互关系不同。在神的世界里，这些元素之间存在着和谐统一的关系，而在恶的自然世界里，它们之间则处于分裂和敌对状态。

索菲亚不仅是自然世界分裂的原因，而且也是解决这一问题的必要环节。索洛维约夫将世界从混乱进入秩序的过程称为世界过程或宇宙进化过程，在这一过程中，索菲亚起着非常重要的作用，它主要是依靠世界灵魂与神的原则的逐渐联合而展开的。在宇宙进化的过程里，神的原则与世界灵魂的结合越来越密切，并且逐渐地战胜混乱的物质，最后把物质纳入人类有机体的完善形式里，宇宙进化的过程结束于完善的有机体——人类意识的出现。

第二，他赋予索菲亚以东正教性质。对索菲亚的关注构成了俄罗斯民族传统的一部分，索菲亚的观念在俄罗斯人文文化中具有明显的影响。善于思辨的俄罗斯人在《圣经》观念的基础上建构了不同于拜占庭的民族索菲亚观，其突出的特点之一是不像拜占庭先知那样强调索菲亚与逻各斯的联系，而是把索菲亚与圣母更紧密地联系在一起。他们认为，索菲亚是被造之物，但它与一般的被造之物不同，它是它们的根源，一般的被造之物依靠索菲亚与上帝的三位一体相连，并且索菲亚参与三位一体的神的生命。索洛维约夫的索

---

2 [俄]Вл.索洛维约夫，《神人类讲座》[M]，北京：华夏出版社1999年9月出版，第138页，张百春 译。

3 [俄]Вл.索洛维约夫，《神人类讲座》[M]，北京：华夏出版社1999年9月出版，第139页，张百春 译。

菲亚学说也明显带有俄罗斯民族的这一痕迹，主要表现为在他的索菲亚学说中，索菲亚被展示为永恒的女性形象。为了赋予索菲亚以东正教的性质，他举了在诺夫哥罗德的索菲亚大教堂设立的代表神的卓越智慧的神圣的索菲亚圣像作为例子。一个身着盛装的女人端坐在神座上，它的右面是圣母，左面是施洗者约翰，在画的深处（远景）是基督，他举起双手向上升起，他的下面是天庭。然而有趣的是，在东正教集团中引起最多责难的正是把索菲亚理解为永恒的女性象征。

第三，索洛维约夫的索菲亚学说带有很浓的神秘性质。索洛维约夫的索菲亚学说除了渊源于上面所提到的思想资源外，还来源于他自己对索菲亚的一种神秘的体验。他的生平贯穿着某些幻象和谜一般的机缘，其中就包括他与索菲亚的三次神秘会见。1862年他9岁时，第一次看到发光的索菲亚，出现的时间很短，它发生在礼拜时咏唱《大天使革鲁宾之歌》当中。1875年，他作为哲学副教授在大英博物馆的图书馆潜心研究神学通灵术时，听到一个声音对他说：到埃及去，到大金字塔脚下去。于是，他立即出发，身披一件很长的黑色斗篷，戴着大礼帽，留着长黑胡子。经过大沙漠时，竟然被当地的贝都因人视为魔鬼，用绳子将他捆起来扔在路边，多亏一支商队解救了他。后来他将他的三次与索菲亚会见的神秘经历写成了诗歌，这就是著名的《三次约会》。这种对索菲亚的神秘的、难以理解的感受使他怀有一种严重的索菲亚情结。

# 第二节　索洛维约夫索菲亚学说的主要内容

## 一、索菲亚是被产生的统一（произведенное единство）

索洛维约夫反对抽象原理，为了防止自己的一切统一原则或者神由于抽象性而被否定或者导致自然主义的泛神论，他在一切统一原则中区分出两个方面，一个方面他称为产生的统一（производящее единство），另一个方面他称为被产生的统一（произведенное единство）。产生的统一是作用着的原则的统一，该原则把众多元素归到作为统一的自己身边，索洛维约夫又称它为逻各斯；被产生的统一是已经被归为统一的多，它是该原则的确定的形式，索洛维约夫又称它为索菲亚。"在任何有机体里我们都必然地有两个统一，一方面是作用着的原则的统一，该原则把众多元素归到作为统一的自己身边；另一方面是已经被归为统一的多，它是该原则的确定的形式。于是我们有产生的统一和被产生的统一，或者作为原则（在自身里）的统一和在现象中的统一。"[4] "第二类统一，被产生的统一，在基督教神学里有一个名称是索菲亚。"[5] 索洛维约夫认为，这两类统一对于上帝来说，都是必须的，缺一不可。否则要么陷入无神论，要么陷入泛神论。

索洛维约夫认为，上帝是存在物，即是说，存在属于他，或者说他拥有存在。但上帝不能是简单的存在，即仅仅是存在。因为一般的存在显然只是一个抽象概念，实际的存在所必须的不仅是作为主体的一定的存在物，关于这个主体，可以说，它存在，而且还需要作为客体的一定的客观内容或本质，他回答这个主体是什么。在语法上，动词"存在"只是主语和谓语之间的系词，在逻辑上，存在只能被思考成存在物与它的客观本质或内容的关系，在这个关系里，存在物以一定的方式肯定、规定或显现自己的这个内容，自己的这个本质。如果一个存在物没有自己的客观内容或本质，那无论是在自身中、为了自身，还是为了他者，它都不代表任何东西，它因此只能是无。这样，作为存在物的上帝显然不可能只是一般的存在，因为这将意味着他是无，或者不存在；但是，另一方面，作为绝对统一的上帝也不可能仅仅是某个东西，不可能局限在某个个别的确定的内容之中。综合这样两个方面的内容，我们只能说，上帝是一切，即肯定意义上的一切或一切的统一是上帝自身的内容、对象或客观本质，而上帝的现实存在就是对这个内容、本质的肯定或规定，在这个本质中肯定的是肯定者自身，或存在物自身。这样，我们就将上帝本身与他的内容或本质区别开来了，"如果我们在绝对里把它自己，即绝对存在物，与它的内容、本质或理念区分开来，那么我们可以在逻各斯里找到绝对存在物的直接表达，在索菲亚里找到内容、本质或理念的直接表达，所以，索菲亚因此是被表达出来的、被实现了的理念。存在物区别于自己的理念，但同时与它又是同一个东西，同样，逻各斯也区别于索菲亚，同时内在地与之结合。"[6]

4 [俄]Вл.索洛维约夫，《神人类讲座》[M]，北京：华夏出版社 1999 年 9 月出版，第 110~111 页，张百春 译。

5 [俄]Вл.索洛维约夫，《神人类讲座》[M]，北京：华夏出版社 1999 年 9 月出版，第 111 页，张百春 译。

6 [俄]Вл.索洛维约夫，《神人类讲座》[M]，北京：华夏出版社 1999 年 9 月出版，第 111 页，张百春 译。

可见，如果没有索菲亚，上帝的统一就不可能表现出来，只能永远处于潜在地位，结果只能被归结为纯粹的抽象，"然后宗教意识很容易摆脱这个抽象的神，并进入非宗教意识，进入无神论之中。"[7]同样，"如果不承认神中现实的完满，因此也就必然地不承认神中的多，那么，肯定的意义不可避免地过渡给此世的多和现实。那么神就只能拥有否定的意义了，于是，神逐渐地就被否定了，因为如果没有另外的现实，没有绝对的、另外的多，没有存在的另外的完满，那么，我们的现实就是唯一的，这样，神就没有任何肯定的内容，或者，神与这个世界，与这个自然界混合，于是，这个世界，这个自然界就被认为神的直接内容，那么，我们就过渡到自然主义的泛神论，在这里有限的自然界就是一切，而上帝只是空洞的词语，或者，这是更彻底的观点，神作为空洞的抽象，干脆被否定了，意识公开地成为无神论的。"[8]

索菲亚作为被产生的统一，它不是一次性获得的，而是逐渐进行的过程。这一过程包括世界过程和人类社会发展过程。这里只谈前一过程，即世界过程或宇宙进化过程，后一过程放到下一个部分再谈。世界过程分为三个主要时代，即星际时代或星体时代，太阳时代与地球时代。世界过程结束于完善的有机体——人类意识的出现。与此相应的统一形式也依次由一切存在物都在无意识的盲目吸引中相互接近，过渡到更复杂的结合方式，比如表现在物体的化学亲合规律里的方式，根据这些规律，已经不是每一个都以同样的引力与另一个结合，它们只是靠着外在的空间关系来相互区别，而是一定的物体在一定的关系中与一定的其他物体的联合，然后再过渡到更复杂的，同时是更个性化的统一形式，我们在植物和动物有机体的构造和生命里找到了这个形式。在这里，自然统一的原则尽管还是不完整的，还没有被表现出来，但是已经在确定的和固定的组织里清楚地体现了，这些组织把物质元素连接成某种牢固的和稳定的整体，该整体在自身里拥有自己生命的形式和规律。

---

7　[俄]Вл.索洛维约夫,《神人类讲座》[M]，北京：华夏出版社1999年9月出版，第112页，张百春　译。

8　[俄]Вл.索洛维约夫,《神人类讲座》[M]，北京：华夏出版社1999年9月出版，第112页，张百春　译。

## 二、索菲亚是永恒的、完善的人类机体

索洛维约夫主要从两个方面阐述了这个思想，一方面是它的必要性，另一方面是它的可能性。从必要性上看，他认为，上帝为了真正地和现实地存在，应该表现自己和自己的存在，也就是在他者中发生作用。由此就断定了这个他者存在的必要性，同时因为说到上帝，我们不应该包括时间的形式，因为关于上帝的一切说法都是以永恒性为前提的，所以这个他者的存在就应该认为必然是永恒的。

神的展现或内在启示，要求必须有一个东西，神在它里面启示或起作用，这个东西在上帝里是实体地存在着的，或是以隐蔽的形式存在着的，但通过逻各斯而被表现出来。因此，上帝如果要永恒地作为起作用的上帝而存在，就必须假定永恒地存在着接受神的作用的现实元素，即必须假定接受神的作用的世界的存在，这个世界在自身里给神的统一保留一个位置。这个世界或被产生的统一，既是世界的中心，同时也是神的外围，即人类。由于任何现实都要求作用，而作用就必须有作用的对象，它是主体，同时接受这个作用。同样，以上帝的作用为基础的上帝的现实也要求有接受这个作用的主体，这就是人的存在，而且由于上帝的作用是永恒的，因而是永恒地要求人的存在。这样的要求是有根据的，因为对上帝而言，作用的永恒对象在逻各斯里就有了；因为逻各斯还是那个上帝，只是处于被表现状态而已，表现就要求他者，上帝就是为了这个他者，向这个他者显现的，这个他者就是人。

从可能性上看，索洛维约夫认为，他所说的永恒的人或人类，不是指自然的人或作为现象的人，因为这不仅存在内在的矛盾，而且与科学经验矛盾，而是指作为理想存在物的人，这样的人可以具有永恒性。

索洛维约夫认为，像经验主义那样，将实在的人局限于某个存在于时间和空间中的个体，局限于物理有机体，否则就认为只有抽象的人，人类就仅仅是个集合名词，我们会发现，不仅在直接的外部经验里找不到现实的人，而且在内在的经验中，即人的心理存在中，也找不到现实的人。

首先，我们看一个确定的个体的人，我们在作为现实的他身上能找到什么呢？这样的人无疑是个物理有机体。但是，任何物理有机体都是众多的有机元素的组合，是空间中的一组元素。我们的身体是有众多器官和组织构成的，它们都可以归结为最小的有机元素的各种结合体，这些元素就是所谓的细胞，从经验主义的观点来看，没有任何根据把这个联合体当作现实的个体，

而不是当作是组合的个体。因为物理有机体的统一，即所有的这些众多元素的统一，在经验上仅仅是一种联系，是一种关系，而不是现实的个体。

既然在经验里，有机体仅仅是众多基本元素的组合，那么，按照这个观点，个别的物理的人显然不可能被称为现实的不可分的人，或称为本意上的个体，因为否则我们有理由把每一个个别的器官当作现实的个体，有更多的理由把个别的有机元素——细胞，称作个体。然而从经验现实的方面看，细胞最终只是众多的同类原子的结合，而原子作为物质的、因而是有广延性的个体不可能是绝对不可分的，它仅仅是标志分化的相对术语而已。这样，不仅是作为个体的个别的人，而且连组成人的最终的元素，都不是任何现实的个体。

人的个体的现实统一不在他的物理存在中，不在外部现象里，是否在他的心理存在或内在现象里？经过分析，照样得出否定的结论。

从经验主义的角度看，我们在人的精神生活中找到的是个别状态的更替，即一系列思想、愿望和感觉。这一系列的精神状态在自我意识里联结着，共同构成同一个我；从经验主义的观点看，这个被我们称为我的心理焦点，也仅仅是一个与其他心理现象并列的现象之一。自我意识仅仅是心理生活的行为之一，我们的被意识的我是被长长的一系列过程所产生和限制的结果，而不是现实的存在物。仅仅是自我意识的行为的我自身丧失了任何内容，只是混乱的心理状态中的一个光点。

在物理有机体里，由于物质不断的更替，在两个不同的时刻里，不可能存在该有机体的现实的同一，同样，在作为现象的人的心理生活中，每一个行为都是某种新的东西：每一个思想，每一种感觉都是新的现象，这个现象仅仅靠联想的规律而与人的其他心理内容相连。显然，在这里，我们也不可能找到绝对的统一，或现实的个体。

如果没有现实的个体，那么就没有现实的一切；如果没有现实的确定的部分，那么就没有现实的整体。结果，从经验主义的观点出发，只能获得一个完全的无限小量，获得对任何现实的否定，这显然是不合理的。"因此，我们应该认为理想的存在物拥有完整的现实，它们不可能在直接的外部经验里被给定，这些理想的存在物自身不是独立的，它们不是物质地存在于我们的空间中，也不是心理上在我们的时间里发生的事件或状态。"[9]"从这个观点

---

9　[俄]Вл.索洛维约夫，《神人类讲座》[M]，北京：华夏出版社1999年9月出版，第
　　123页，张百春　译。

看，当我们说到人的时候，我们既没有必要，也没有根据把人限制在给定的可见现实里，尽管我们说理想的人，但这是完全实质的和现实的人，比作为存在物的可见地显现的人无比地更实在和更现实。"[10]与作为现象的人相反，作为实质的人必须是永恒的和无所不包的。这个理想的人要实际地存在，就应该是统一的和多样的，他不仅是一切人的普遍本质，而且是普遍的、同时是个性的存在物，他在自身里真实地包含着所有的这些个体，他就是索菲亚。

"神的所有力量构成了一个完整的、绝对普遍的和绝对个性的、活生生的逻各斯的有机体，同样地，所有的人构成了一个同样完整的、同时是普遍的和个性的有机体，这个有机体是神的有机体的必然的实现和存放处，这是人类的有机体，是神的永恒的身体和永恒的世界灵魂。"[11]由索菲亚的永恒性必然得出它的构成元素中的每一个在绝对的或理想的意义上也是永恒的。

## 三、索菲亚是世界灵魂

为了说明神的世界与自然世界之间的区别以及后者通过世界过程最终回归前者，逐渐实现自然世界里的分裂元素的重新联合，索洛维约夫引入了世界灵魂概念。

要了解世界灵魂概念，先必须了解灵魂概念。索洛维约夫认为，所有存在物在与神的最原始的统一里构成了一个神的世界，它分为三个领域，即实体的、理性的（理想的）与感性的（现实的），它们分别主要地受神的三个行为（意志、表象与感觉）所决定。

在神的世界的第一个领域即实体领域里，所有存在物都处在意志与上帝的简单统一之中，处在纯粹的、直接的爱的统一之中。它们是纯精神，它们的全部存在都由它们的意志决定，因为它们的意志与神的普遍意志同一。在第二个领域即理性领域里，神的存在的完整性展现在众多的形象之中，它们靠着理想的统一联系在一起。在这里占主导地位的是表象或由神的理性所决定的理智活动，所以在这个领域里的存在物可以称之为理智。它们不仅在上帝那里拥有存在，而且在表象或直观中也互为存在；因此这里已经出现了确定性和分裂性，尽管只是理想地，所有的理念都处在一定的相互关系之中。

---

10 [俄]Bл.索洛维约夫，《神人类讲座》[M]，北京：华夏出版社 1999 年 9 月出版，第 123 页，张百春 译。

11 [俄]Bл.索洛维约夫，《神人类讲座》[M]，北京：华夏出版社 1999 年 9 月出版，第 123 页，张百春 译。

　　在神的世界的这两个领域里，一切存在物直接地都由神的意志与表象所决定。由于在这两个领域里，没有真正的相互作用，"因为作为纯精神和纯理智的存在物处在与上帝的直接统一之中，没有独立出来的或集中于自身的存在，它们自己不能够从自身出发内在地作用于神的原则。"[12]因此它们不能表现出神的世界的完整的现实。但神的世界作为一切统一的世界，它所必须的是，众多的存在物获得自己现实的独立性，因为否则的话，神的统一的力量或爱就无法表现，或者说无法展示自己的完整性。所以，神的世界不能满足于对理想实质的永恒直观，即不能满足于把它们仅仅当作自己的对象、自己的理念，而自己对于它们仅仅是理念。它所希望的是它们拥有自己现实的生命。于是神首先把自己的意志从绝对的实体统一中分离出来，再把它指向全部理想的众多客体，并且神停留在每一个个别的客体上，靠自己的意志行为与之相连，并以此来肯定和确立个别客体的独立存在，这个存在就有可能对神的原则发生作用。客体的所有这些现实作用构成了神的存在的第三个领域，即现实领域。这第三个领域里的存在物，索洛维约夫称之为灵魂。由于索洛维约夫的这一思想比较思辨，不是很容易理解，因此有必要加以具体说明。尽管构成神的作用对象的理想存在物（理智）自身不拥有独立的实体存在或绝对的独立性，但它们都是某种理想的个体、某种特性，该特性使它成为它所是，并使它与一切他者相区别，从这个意义上讲，它一直具有绝对独立的意义，即就内在的性质而言的独立意义，这个性质决定着它与一切他者的思维的或理性的关系，也决定着它与上帝意志之间的关系。上帝作为一切统一的原则，它完全肯定所有的他者，即把自己的作为存在的无限潜力的意志传递给所有的他者，为了一切统一的自己而实现意志或使意志客体化。由于每一个理想存在物都具有内在的独立性，因此，它们对于神的意志都不是绝对地、完全地、毫无改变地服从，而是根据自己的特性改变神的意志的作用，赋予这个作用以自己的特征，或者说，把它纳入自己的形式里去。因此，当神的意志被一定的理念所接受时，这个意志就不再仅仅是神的了，而是获得了自己确定的特殊性，它也成了这个个别客体形象的属性，就像是神的本质作用一样。这样，"现在出现的，已经不再是理想的存在物（只在神的直观里才有自己的生命），而是活生生的存在物，拥有自己的现实，并从自身出发作

_____

12 [俄]Вл.索洛维约夫，《神人类讲座》[M]，北京：华夏出版社1999年9月出版，第133～134页，张百春 译。

用于神的原则。我们把这样的存在物叫做灵魂。"[13]

了解了索洛维约夫的灵魂概念，就比较容易了解他的世界灵魂概念了。世界灵魂可以理解为所有独立的存在物或灵魂的总体，"这第二个产生的统一与原初的神的逻各斯的统一对立，如我们所知，它就是世界灵魂，或理想的人类（索菲亚），它在自身里包含着所有独立的存在物或灵魂，并靠着自己把它们联结在一起。"[14]因此，世界灵魂在众多的活的存在物和神的绝对统一之间占有中介地位；它参与神的统一，同时包含着一切众多的灵魂；它在自身里包含了神的原则和被造物的存在，却不被这个或那个所完全确定，因此是自由地存在的；它所固有的神的原则使它从自己的被造本质里解放出来，而它的被造本质又使它相对于上帝成为自由的。"世界灵魂容纳一切活的存在物（灵魂），一切理念就在其中，它不片面地与其中的任何一个理念相连，它相对于所有的理念都是自由的，但作为所有的这些存在物的直接中心和现实的统一，它在它们之中、在它们的独立性中获得相对于神的原则的自由，获得了作为自由的主体而对神的原则作用的可能。"[15]世界灵魂由于自己的这种中介地位，对神的一切统一原则的实现起着非常重要的作用。"世界灵魂接受神的统一原则，并靠它来把整个众多的存在物联结起来，因此，世界灵魂使得神的原则在一切之中实际地实现；借助于世界灵魂，上帝才显现为在一切被造物中的实在力量，或圣灵。"[16]也就是说，世界灵魂受神的逻各斯所决定，并靠它而形成，世界灵魂使圣灵有可能在一切之中实现自己，因为在逻各斯里展现在理想形式中的东西，靠着圣灵在现实的作用里被实现了。正因为有了世界灵魂的这种作用，造物主与造物之间的鸿沟才得以填平。

对于索洛维约夫来说，世界灵魂的作用还不止于此，它还必须为自然世界的恶负责。按照他的观点，自然世界里的恶没有物理的根源，只有形而上学的根源，这个根源就是世界灵魂由于自己的自由行为而脱离了神的统一原

---

13 [俄]Вл.索洛维约夫，《神人类讲座》[M]，北京：华夏出版社 1999 年 9 月出版，第 136 页，张百春 译。

14 [俄]Вл.索洛维约夫，《神人类讲座》[M]，北京：华夏出版社 1999 年 9 月出版，第 136 页，张百春 译。

15 [俄]Вл.索洛维约夫，《神人类讲座》[M]，北京：华夏出版社 1999 年 9 月出版，第 137 页，张百春 译。

16 [俄]Вл.索洛维约夫，《神人类讲座》[M]，北京：华夏出版社 1999 年 9 月出版，第 137 页，张百春 译。

则。本来，世界灵魂把世界的一切元素都包含在统一之中，只是因为它服从于它所接受的神的原则，只是因为它自身被神的一切统一所渗透；也就是说，它不是直接地从自身而拥有这个一切的，而是从神的原则那里获得的，神的原则实在地先在于它，被它所要求，决定着它。"因此，世界灵魂尽管拥有一切，但它可以希望以另外的方式拥有一切，即它可以像上帝一样从自身出发，拥有一切，……" [17]于是，世界灵魂就把自己生命的相对中心与神的生命的绝对中心分开，在上帝之外肯定自己，从而丧失了自己的中心状态，从神的存在的一切统一的中心降低到众多的被造物上来，丧失自己的自由和对这些被造物的统治。随着世界灵魂的独立，即它在自身里唤起了自己的意志，因而与一切分离，这时，世界有机体的个别元素在世界灵魂里就丧失了共同的联系，它们自己代表自己，获得了分离的利己主义的存在，这个存在的根源就是恶，它的结果就是痛苦，而造成这种恶的原因就是世界灵魂对独立性的追求。

不过，在《俄罗斯与普世教会》一书中，索洛维约夫似乎又将索菲亚与世界灵魂区分开来了，在这里，世界灵魂不再是索菲亚了，而只是实现索菲亚的环境与基础。索菲亚是世界的保护天使，用自己的翅膀庇护为拥有世界灵魂而与地狱的魔鬼做斗争的所有被造之物。

# 第三节　索洛维约夫索菲亚学说的不足及对后世的影响

## 一、索菲亚学说存在的问题

索洛维约夫的索菲亚学说并不是一个逻辑严密的系统理论，他总共在他的四部著作里阐述过这一学说，即：《索菲亚》（手稿）、《神人类讲座》、《爱的意义》、《俄罗斯与普世教会》，其中以《神人类讲座》与《俄罗斯与普世教会》两部著作为主要构建者。索洛维约夫之所以选择索菲亚作为这一学说的名称，大概主要是为了反映东正教对圣母庇护的崇拜，同时在索洛维约夫对索菲亚术语的采用中，表现出明显的对神的智慧的隐秘的态度。可能正是由

---

17 [俄]Вл.索洛维约夫，《神人类讲座》[M]，北京：华夏出版社 1999 年 9 月出版，第 138 页，张百春 译。

于这种态度过于强烈，以致于他控制不住自己滥用这一术语的冲动，最终导致他的索菲亚概念的多义性。在他的学说中，我们至少可以找到索菲亚一词的以下几种含义：基督身体——教会，人的位格和贞洁的完美原理——童贞马利亚，世界秩序的构成原则——世界灵魂，上帝统一原则的实现——被产生的统一，等等，其中最主要的是索菲亚与世界灵魂之间意义的含混不清。

在《神人类讲座》里索洛维约夫认为，世界灵魂同时是统一的与全部的，它在众多活的存在物与无条件的上帝的统一之间占据中介地位。它是具有双重性质的存在物：它包含着神的原则与被造物的存在，却不被这个或那个所完全确定，因此是自由地存在的。依靠世界灵魂而连接起来的世界，由于世界灵魂的自由行为而与上帝分离，并在自身里分裂为众多相互敌视的元素。于是，世界灵魂在宇宙进化过程中表现为与绝对存在对立的构成物质，而它的理想的具体化自古以来就处在绝对存在里。在自己自由的与上帝恢复统一的意图中，世界灵魂作为索菲亚显现，是理想的、完善的人类。

索菲亚与世界灵魂的明显区分是在《俄罗斯与普世教会》一书中出现的。在那里，世界灵魂是与索菲亚相对比的，被确定为存在的完善性或绝对的普遍性，它先于所有的局部存在而存在；而索菲亚则是上帝的智慧，是不能与上帝分离的原则。在这里，的确很难区分逻各斯与索菲亚两个概念，因为世界被上帝的索菲亚动机所创造，而世界灵魂也包含有这一动机，并且同样力求达到与永恒的智慧索菲亚的和谐与统一。

在《神人类讲座》中，逻各斯与索菲亚两个概念是相互区别的，索洛维约夫认为，如果在神的本质——基督里，第一的或产生的统一是上帝自身，并且如果在这个第一的统一中我们拥有作为上帝本质的基督，那么，第二的被产生的统一，我们就称之为索菲亚，它是人类的原则。但在《俄罗斯与普世教会》中，索菲亚则变成了具有推动力的、起作用的原则，它不再是灵魂，而是世界的保护天使，它用自己的翅膀掩护所有的人，以便逐渐将他们带入真正的存在。这样，索菲亚作为起作用的原则，而不是简单的理想，与逻各斯很难区别。同时，世界灵魂具有混乱的自由性质，并且从一开始就是混乱的，它也作为"纯粹的力量与永恒智慧的隐蔽的基础"存在于上帝之中。按照索洛维约夫的上述定义，索菲亚自古以来就处在上帝之中，它不可能是丑陋的并且变为新的。而世界灵魂从一开始就不具有美好的形象，它只是能够听从上帝的命令或者深渊的召唤，或者只是处于混乱状态。

　　尽管存在着混乱，但毕竟在索洛维约夫的哲学中还可以显示出索菲亚与世界灵魂两个概念。索菲亚是人类在上帝自身中的形式，是理想的原则，它力求体现在世界灵魂的自由的、不受支配的物质中，而世界灵魂则是黑暗的混乱，它敏感于索菲亚的影响，在自己的产物中痛苦地克服着自己的无个性状态，并且迷恋于"深渊的声音"，这个声音要求它回到开始的混乱状态。

　　这些混淆也存在于索洛维约夫的《爱的意义》之中。在这里，他认为，自然要不然是世界意志，即对生命的意志，要不然是无意识的或超意识的世界灵魂。但他马上又下了一个更加明确的定义：支配人类生命的力量，一些人称之为世界意志，另一些人称之为无意识的灵魂，它实际上是上帝的道。在《神人类讲座》中，世界灵魂将神的原则与被造的存在包含于自身之中，却不被这个或那个所确定，它自由存在。而在《爱的意义》中，自由的、发源于上帝的热情被支配所有人类生命的上帝的道所代替。

　　洛谢夫甚至指出了在索洛维约夫的哲学著作中索菲亚概念具有十种意义：（1）绝对的意义；（2）神人类的意义；（3）宇宙论的意义；（4）人类学的意义；（5）普遍女性的意义；（6）神秘而浪漫的意义；（7）美学意义；（8）末世论意义；（9）法术意义；（10）俄罗斯民族意义[18]等。

　　尽管我们多少还能从索菲亚的多义中大致了解这一学说的主要内容，但也应该承认，索菲亚的多义性严重影响了索洛维约夫对自己思想的表达，它不可避免地导致以下的二者择一：要么索菲亚是个多余的概念，要么我们不知道它到底是什么。

## 二、索洛维约夫之后俄罗斯宗教哲学家、神学家对索菲亚学说的论述

　　在索洛维约夫之后，E.特鲁别茨科伊、弗洛连斯基、C.布尔加科夫、H.洛斯基、C.阿维林采夫等人都对索菲亚学说有过论述，其中以弗洛连斯基与布尔加科夫的论述较为突出。

　　弗洛连斯基继承并发展了索洛维约夫的索菲亚学说，不仅包括索洛维约夫的学说中的积极成分，也包括了消极成分，如，弗洛连斯基的索菲亚学说同样包含着含混不清的、不很符合教会传统的因素。

---

18　Лосев А.Ф.，《Владимир Соловьев и его время》[M]，москва，1990，c.231～253.

弗洛连斯基认为，索菲亚是被造物，但不是一般的被造物，而是全体被造物的根源，被造物依靠这个根源而与三位一体相连。作为被造物的守护天使及其神性原型，索菲亚表现在许多方面："如果索菲亚是整个意义上的被造物，那么被造物的灵魂和良心——人类，则主要地就是索菲亚。如果索菲亚是整个人类，那么人类的灵魂和良心——教会，则主要地是索菲亚。如果索菲亚是教会，那么教会的灵魂和良心——圣徒的教会，主要地是索菲亚。如果索菲亚是圣徒的教会，那么圣徒的教会的灵魂和良心——被造物在圣言（它审判被造物并把被造物一分为二）面前的代理人和庇护人，神的母亲玛利亚（世界的净化之所），则主要地仍然是索菲亚。"[19]概括起来，在弗洛连斯基这里，索菲亚至少具有以下几种含义：第一，索菲亚是被造物的开端和中心，是耶稣的身体；第二，索菲亚既是天上的教会，也是人间的教会；第三，索菲亚是圣灵、童贞、圣母玛利亚；第四，索菲亚是被造物里的实在的美。

弗洛连斯基的索菲亚学说与索洛维约夫的索菲亚学说最明显的不同是，他提出了索菲亚是"第四位格要素"的思想。弗洛连斯基认为，索菲亚参与三位一体的神的生命，进入三位一体的深处并参与神的爱，它是第四个位格，但与三位一体具有不同的质。作为第四个位格，索菲亚因神的宽容而在它与神的三个位格活动的关系里表现出分别，但它相对于三一的神来说仍是同一个东西，它在与三个位格的关系中自身才表现出分别；这也就是说，关于它的思想将获得什么样的意思，主要取决于我们把注意力放在哪个位格上。从圣父的位格的角度看，索菲亚是理想的实体，是被造物的基础，是被造物存在的能力或力量；从圣言的位格的角度看，索菲亚是被造物的理性，是被造物的意义、真理或真实性；从圣灵的位格的角度看，索菲亚是被造物的精神性，是被造物的神圣性、纯洁和无罪，或者说是被造物之美。

布尔加科夫提出索菲亚学说的目的主要是为了在天国与尘世之间架起一座桥梁，以解决二者之间的分裂问题。因此，他的索菲亚学说带有明显的二元论特点。在《索菲亚学说的核心问题》一文中，他明确指出："索菲亚学说的核心问题是关于上帝和世界的关系问题，或者，就其实质而言，这个问题就是上帝和人的关系问题。"[20]他认为，存在着两个索菲亚，即天上的非被造的索菲亚和地上的被造的索菲亚。它们的内容是同一的：地上的索菲亚以天

---

19 Флоренский П.А.，《Столп и утверждение истины》[M]，Москва，1990，с.351.
20 БулгяковС.Н.，《Тихие думы》[M]，Москва，1996，с.269.

上的索菲亚为形象；而存在方式则是不同的：天上的索菲亚寓于永恒的神性思想，地上的索菲亚则置身于时间的流变中。天上的索菲亚是思想的有机统一，是神性思想在世界上的泛组织，是在上帝里的永恒的人性原型，是位格，即第四位格。地上的索菲亚对于上帝就像一面镜子一样，上帝喜欢在这面镜子前反观自己。人是神人两性的这一事实规定了两个索菲亚无本体性矛盾地在基督里相遇并合一，即天上的原型与其尘世的"类型"统一。统一于天上索菲亚的神性思想——宇宙思想——是统一于地上索菲亚中的理想种子。后来他又明确地将上帝里的索菲亚和神性本性区别开来，认为二者不可能混淆。按照布尔加科夫的这一观点，地上的和被造的索菲亚不再产生完全是超验的、否定而不可企及的神性内容，但它却把上帝的计划和思想带给了世界。

在回应别人对索菲亚是第四位格思想的批评与质疑——如果说圣三位一体的三个位格都参与了创造世界，那么作为第四个位格的索菲亚与创世有什么关系——时，布尔加科夫回答，世界就是在索菲亚里被创造的。索菲亚通过参与创造世界，展示了上帝的秘密，赋予世界以秩序。

但是，多数神学家认为，索菲亚这一名称本身似乎是一种令人困惑的翻新，如果用与之对应的"上帝智慧"一词来取代"索菲亚"这一名称，则索菲亚学说立即获得一种更为传统的形式。

E.特鲁别茨科伊在完全接受索洛维约夫索菲亚学说的宇宙学问题的同时，修正了他的泛神论以及神与宇宙之间混乱的思想。E.特鲁别茨科伊认为，索菲亚不是上帝与世界之间的中介，而是上帝的至高理性力量。世界对于索菲亚来说，是另一种东西，如果我们在世界中看到了索菲亚，它所代表的也不是物的本性，而是物的构成计划或未来被造物的形象，因为索菲亚会导致一切存在物的改观。上帝的智慧，即他的世界思想是与上帝不可分离的，而完成中的世界、即被创造的和尘世的索菲亚与天上的索菲亚相比是异质的。它们的关系根本不是现象与本质的关系；在根本不同的情况下，世界参与神性索菲亚，正如参与原型真理和神的计划一样。

Л.卡尔萨文认为，索菲亚并没有个性与面貌，它的面貌在上帝的火焰中被烧掉了，只能以基督的面貌和圣母的面貌出现。人类的个性是一切统一的索菲亚的最高个性化，或者说，人类个人可见的灵魂仅仅是至高世界灵魂的个性化。

# 参考文献

## 一、中文参考文献

### （一）论文

1、张百春，索洛维约夫论人类社会的发展[J]，《哈尔滨师专学报》，1997 年，第 1 期。

2、张百春，索洛维约夫论西方哲学[J]，《哈尔滨师专学报》，1997 年，第 2 期、第 3 期、第 4 期。

3、张百春，从自然宗教到基督教——索洛维约夫论人类宗教意识的发展[J]，《哈尔滨师专学报》，1998 年，第 4 期。

4、马寅卯，索洛维约夫对西方哲学的批判[J]，《浙江学刊》，2000 年，第 6 期。

5、金亚娜，俄侨哲学家的索菲亚学说[J]，《俄语语言文学研究》，2003 年，第 1 期。

### （二）专著

1、徐凤林，《索洛维约夫》[M]，台湾，东大图书公司，1995，274 页。

2、徐凤林，《费奥多洛夫》[M]，台湾，东大图书公司，1998，217 页。

3、张百春，《当代东正教神学思想》[M]，上海，上海三联书店，2000，603 页。

4、乐峰，《东正教史》[M]，北京，中国社会科学出版社，1999，366 页。

5、黄颂杰等，《西方哲学多维透视》[M]，上海，上海人民出版社，2002，566 页。

6、黄颂杰,《西方哲学名著提要》[M],南昌,江西人民出版社,2002,902页。

7、张庆熊,《基督教神学范畴：历史的和文化的考察》[M],上海,上海人民出版社,2003,353页。

8、许志伟,《基督教神学思想导论》[M],北京,中国社会科学出版社,2001,355页。

9、赵敦华,《基督教哲学1500年》[M],北京,人民出版社,2004,700页。

## （三）俄文译著

1、索洛维约夫,《西方哲学的危机》[M],杭州,浙江人民出版社,2000,313页,李树柏译。

2、索洛维约夫,《神人类讲座》[M],北京,华夏出版社,1999,241页,张百春译。

3、索洛维约夫,《神权政治的历史与未来》[M],北京,华夏出版社,2000,317页,钱一鹏 高薇 尹永波译。

4、索洛维约夫,《俄罗斯与欧洲》[M],石家庄,河北教育出版社,2002,267页,徐凤林译。

5、索洛维约夫等,《俄罗斯思想》[M],杭州,浙江人民出版社,2000,156~185页,贾泽林 李树柏译。

6、索洛维约夫等,《关于厄洛斯的思索》[M],沈阳,辽宁教育出版社,1998,3~57页,赵永穆 蒋中鲸译。

7、别尔嘉耶夫,《俄罗斯思想》[M],北京,生活·读书·新知三联书店,2004,253页,雷永生 邱守娟译。

8、别尔嘉耶夫,《精神王国与恺撒王国》[M],杭州,浙江人民出版社,2000,268页,安启念 周靖波译。

9、别尔嘉耶夫,《自由的哲学》[M],桂林,广西师范大学出版社,2001,204页,董友译。

10、叶夫多基莫夫,《俄罗斯思想中的基督》[M],上海,学林出版社,1999,242页,杨德友译。

11、弗.洛斯基,《东正教神学导论》[M],石家庄,河北教育出版社,2002,115页,杨德友译。

12、弗兰克,《实在与人》[M],杭州,浙江人民出版社,2000,281页,李昭时译。

13、舍斯托夫，《旷野呼告 无根据颂》[M]，上海，上海人民出版社，2004，322 页，方珊 李勤 张冰等译。

14、G.F.穆尔，《基督教简史》[M]，北京，商务印书馆，1981，341 页，福建师范大学外语系编译室译。

## 二、俄文参考文献

1、Соловьев В.С.，《Владимир Соловьев избранные произведения》[M]，Ростов-на-Дону：《Феникс》，1998，～544с.

2、Соловьев В.С.，《Философия искусства и литературная критика》[M]，1991，

3、Пул Р.Э.，《Русская диалектика между неоидеализмом и утопизмом（ответы Вл.С.Соловьеву）》[J]，Вопросы философии，1995，№1，

4、Новгородцев П.И.，《Об общественном идеале》[M].，1991，

5、Гайденко П．П．，《Владимир Соловьев и философия серебряного века》[M]，2001，

6、Лосев А.Ф.，《Владимир Соловьев и его время》[M]，1990，

7、Флоренский П.А.，《Столп и утверждение истины》[M]，1990，

8、БулгяковС.Н.，《Тихие думы》[M]，1996，

9、Фараджев К．В．，《Владимир Соловьев：мифология образа》[M]，《Аграф》，2000，160с.

10、《О Владимире Соловьеве》[C]，Томск：Издательство《Водолей》，1997，192с.

# 后 记

写完论文最后一个字的时候，我的心情处于矛盾状态之中，一方面因终于完成了任务而感到高兴，毕竟自己的辛苦努力有了结果；另一方面又因自己写的是博士论文而担心，不知道自己的论文是否能够达到博士学位论文的要求。

由于我研究的是索洛维约夫的宗教哲学思想，而他的宗教哲学与一般的宗教哲学有所不同，他不是对宗教问题进行哲学的思考，直接就是从某些宗教原则出发来思考哲学问题。因此，这不仅要求具有丰富而深厚的哲学、宗教以及神学方面的知识，而且要求具有真实的宗教情感与理智直观能力。我并不认为自己在这两方面都拥有必须的基础，可以说，在这之前我对宗教与神学知之不多，为了研究的需要，我不得不补上这一课，认真学习了这方面的相关知识。这使我获得了意外的收获，我对信仰有了新的理解，并且认为它是人的精神支柱。理性可以使人获得物质利益方面的满足，然而决不能给人带来精神上的慰藉。后一方面对于人来说更为重要，它比前者更能反映人的本质。有了这样的意外收获，不管我的论文写得怎么样，我都感到很满意。

借此机会，我要特别感谢我的导师黄颂杰先生，无论是该文的选题，还是具体写作，都是在他的指导之下进行的。先生严谨的治学态度与仁厚的宽容精神使我在学术研究与做人两个方面都受益非浅。

我还要感谢我的好友郑生富，我在复旦读博士的时候，他正好被单位派往俄罗斯军事留学，这使我有机会委托他给我在俄罗斯购买有关的俄文原著资料。他不负所托，不辞辛劳，归国时给我带回了他所能买到的相关俄文资料。

最后，让我以索洛维约夫《三次会见》中的几句诗作为结尾吧：

> 不要相信虚伪的世界，
> 它笼罩着物质的粗糙外表，
> 我触摸了不朽的红袍，
> 体验到神的照耀。

# 附录：索洛维约夫完整知识论述评

　　一门学科从包含它的母学科中独立与分化出来，是它获得进一步发展的必要条件，因为只有这样，它才能获得纯粹的、专门的研究，人们才有可能随着对它的研究的不断深入而不断获得新的知识。可以说学科的不断分化，新学科的不断出现，是人类知识发展的必然趋势，也是人类知识不断丰富的表现。然而，知识发展的这种趋势随着社会的不断发展，也越来越暴露出它的不足，即它容易使人在这种专门化的研究当中，形成比较狭隘的视野，思考问题时往往局限于某个特定的范围，缺乏全局观念与整体意识。例如，经济学所注重的只是 GDP 的增长与物质生产能力的提高，而对于环境、资源以及人的状况就很少关注，尽管这些问题现在已越来越受到重视，但必须承认还远远不够，并且人类之所以开始重视这些问题，不是因为思维模式的转变，而是因为现实的逼迫。因此，在学科分化越来越细、人们对知识的掌握越来越专的今天，非常有必要强调对知识的整体把握，只有这样，我们今天遇到的许多问题才有可能得到最终的解决，尤其是党中央提出建设和谐社会的设想，更需要从全局、从整体上认识问题与解决问题，科学地处理好全局与局部、整体与部分的关系。我觉得，关于这个问题，俄罗斯宗教哲学的奠基人索洛维约夫的完整知识的理论对我们很有借鉴意义，故在此作一介绍。

## 一、完整知识的有机构成

### 1、完整知识是神学、哲学与科学的统一

　　索洛维约夫在《完整知识的哲学本原》中的"论哲学的三种类型"部分一开始就说道："自由的神智学是神学、哲学和经验科学的有机综合，只有这

样的综合，才能囊括知识的完整真理，舍此，则科学、哲学和神学只能是知识的个别部分或方面，即被割下来的知识器官，因此和真正的完整真理毫无共同之处。"[1]这种有机综合不同于三个学科的机械拼凑，在这样的综合里，我们不可能找到其中任意单独的一个学科。也就是说，"这些因素中的每一个臻于完满的因素，都必须获得综合的性质，变成完整的知识。"[2]我们从未知的综合的任何一个成分出发，都可以求得这种综合。例如，实证科学当它上升为真正的体系时，就会转化成完整知识；哲学当它克服了自己的片面性之后，也就成了完整知识；同样，神学在克服了自己的局限性之后，也会成为完整知识。因此，完整的知识也可以称为完整的科学，或者完整的哲学与完整的神学，在这里，差别只在于出发点不同，叙述方式不同，结果和肯定的内容则并无二致。

然而这三种知识又都是必须的，这是由对象的三个不同方面的存在所决定的。索洛维约夫指出，在任何对象中，我们都能够区分出三个方面的存在：第一，实体存在或内在的现实性——对象自身的本质；第二，它的普遍本质，即普遍的和必然的规定与性质，它们构成存在的逻辑条件；第三，它的外在的、可见的现实性，它的表现，即为他的存在。对象自身的存在，它的内在的现实性只有通过信仰或者神秘的知觉才能确定，并且适合于宗教原理；对象的可思维性属于哲学思辨；而对象的外在表现或者现象性的现实性应由经验科学研究。这三种知识分别满足着我们不同的认知需求。

经验科学研究在经验中给定的现象以及它们之间外部关系的机制，这样的知识可以发展我们应付自然的手段，以不断提高我们的生存能力，满足我们物质生活方面日益增长的需求，人类社会发展至今天所取得的全部科技成就都应归功于这一知识的逐渐积累。然而人除了物质生活方面的需求外，还有精神生活方面的需求，有探求真理的需求。这些需求经验科学则无法满足，只能依靠哲学与神学两种知识。真理是什么？索洛维约夫答道："真理一般不属于独立的或特有的理论知识，……真理的知识只能是符合善的意志和美的情感的东西。……真正的、完整的和生动的真理，其本身包含自己的现实性

---

1 [俄]Вл 索洛维约夫，《西方哲学的危机》[M]，杭州，浙江人民出版社，2000，第195页，李树柏 译。

2 [俄]Вл 索洛维约夫，《西方哲学的危机》[M]，杭州，浙江人民出版社，2000，第195页，李树柏 译。

和自己的理性，并能把它们传播给其余的所有东西。"[3]这也就是说，真理既不包含在认识的逻辑形式之中，也不包含在认识的经验内容之中。因此，单凭孤立的经验科学或哲学不可能获得真理。哪里才能找到真理所需要的这种现实性呢？索洛维约夫认为，必须到真正存在物中才能找到这种现实性，因此，他将完整知识的对象规定为真正存在物，而不是存在。这种真正存在物本身具有绝对的完整性与客观性，然而我们不可能逻辑地证明它的存在，只能依靠信仰来确定。这样，神学与经验科学各自的作用就清楚地显示出来了：真正存在物或外部现实的存在依靠信仰来确定，但它的内容则要靠经验来得知；现实是存在的，这一点我相信，现实是什么，这一点我们只能去体验和认识。假如我们不相信外部现实的存在，那么我所体验和认识到的一切，就只具有主观的意义，就只能是我们内在的心理生活中给定的事实。也就是说，信仰赋予了我们的认识以客观意义。例如，我们从经验中关于太阳所知道的一切，就是我们所体验到的，它只能保证我们自己的实在性，无论如何也不能保证太阳的实在性。然而只要我们相信太阳的实在性，那么关于太阳的所有经验材料都是太阳客体对我们的作用，这样，它们就获得了一种客观的实在性。但是，经验材料自身只构成了客观知识的基础，它还不能构成完整的知识，要使这个客观知识达到完满，还必须在这些关于存在物的个别信息之间建立起联系，必须把经验联结于一个完整的体系，这要靠理性思维来完成，因为理性思维能赋予经验材料以科学的形式，于是我们需要哲学。

概括地讲，在完整知识或者说自由神智学体系里，神学、哲学和科学三种因素缺一不可，它们相互制约、相互补充，共同帮助我们获得对真理的认识。神学就其绝对性质讲，具有头等重要意义，因为它决定着完整知识的最高本原和最终目的；经验科学就其物质性质讲，可充当外在基础，同时是最高本原最大限度的运用或实现；哲学就其以形式为主的性质讲，表现为整个体系的中介或普遍联系。

## 2、完整知识是真、善、美的统一

索洛维约夫认为，完整知识就其定义讲，不能只有理论性质，它还应当符合人类智力的一切要求，应当在其领域里满足人的一切崇高愿望。因为完

---

3　[俄]Вл 索洛维约夫，《西方哲学的危机》[M]，杭州，浙江人民出版社，2000，第209 页，李树柏 译。

整知识是关于真理的知识，而"有关真理的理论问题，显然不属于现象的个别形式和关系问题，而属于存在物的普遍的绝对意义或理性问题。"[4]任何局部认识与个别科学本身都没有真理意义，只有和逻各斯联系起来，成为统一的完整真理的有机组成部分才有其真理意义。我们的认识对象，必然同时又是而且永远是我们的意志和情感的对象，纯理论知识即抽象的科学知识，过去和将来永远都是无聊的虚构与主观的幻想。思想和认识的理论领域，意志和活动的实践领域，情感和创造的美学领域，其间的差别不在构成因素，而仅仅在于哪种因素在哪个领域里更占优势。

索洛维约夫将存在定义为存在物或主体与自己的本质或内容的某种关系，按照这样的理解，存在物的存在就是意志、表象和感觉。

如果存在是存在物自身与它的本质的关系，那么这个本质就不是存在物自身，它是存在物的他者，但同时它属于存在物，是存在物自己的内在内容。由于存在物也是自己的本质的始原，因此，存在物是自己的他者的原则，而自己的他者的原则就是意志。但是，当存在物在意志的第一个行为里把本质规定为自己的和他者时，存在物不仅把本质与自己自身区分开来了，而且还与自己的意志区分开来了。为了使存在物能够愿望这个他者，他者显然应该以一定的方式给定存在物或在存在物那里被给定，应该作为他者为存在物而存在，也就是说被存在物所表达，或者向存在物显现。这样，存在物的存在除了被确定为意志外，还必须被确定为表象。被表象的本质作为他者获得了作用于表象者的可能性，因为表象者同时还是个有意志者。在这个相互作用里，通过表象从存在物里被分离出来的意志对象重新与存在物结合，因为在这个相互作用中，存在物在本质里找到了自己，并在自己里找到了本质；存在物与本质相互作用着，它们成了相互感觉着的。因此，这个相互作用或第三种存在的方式无非就是感觉。这里所说的存在物的本质就是理念，理念作为存在物的对象或内容，就是存在物所愿望的东西，就是它所表象的东西，就是它所感觉的东西。在第一种关系里，即作为存在物的意志的内容或它所愿望的东西，理念被称为善，在第二种关系里，作为存在物表象的内容，理念被称为真，在第三种关系里，作为存在物所感觉的内容，理念被称为美。

由于存在物的这些存在方式就其本性讲是不可分割地联系着的，因为没

---

4 [俄]Вл.索洛维约夫，《西方哲学的危机》[M]，杭州，浙江人民出版社，2000，第250页，李树柏 译。

有表象和感觉就不能思想，没有意志和感觉就无从表象，没有意志与表象就无从感觉，所以存在物不能确认这些完全独立的存在方式，例如第一只确认意志，第二只确认表象，第三只确认感觉，因此它们不能各自独立。它们的实际存在所需要的独立性仅仅在于存在物自身的独立性，即第一，该存在物主要是在显示意志；第二，主要是在呈现表象；第三，主要是在进行感觉。在第一种情况下，存在物在通过自己的意志自我确认时，它和意志都有表象和感觉，不过表象和感觉是从属于意志的环节。在第二种情况下，存在物在通过表象自我确认时，它和表象一起拥有意志和感觉，但这时的意志和感觉成了受表象支配的环节。在第三种情况下，存在物通过感觉自我确认时，它是和感觉一起共有意志和表象的，但后二者已是为感觉所规定、屈从于感觉的环节。

意志、表象和感觉之间的内在联系决定了善、真和美之间的统一。善、真和美是统一的不同形象或样式，在这些形象或样式中，绝对的内容或一切，为绝对而显现，或者善、真和美是三个不同的方面，绝对存在物从这三个方面把一切归结为统一。由于一般地说，任何内在的统一，任何从内部出来的对多的联合，都是爱。在这个意义上，善、真和美只是爱的不同形式。但是，这三个理念与意志、表象和感觉三种存在方式并不是在同一个层次上代表着内在的统一。其中最强烈、最内在的是在作为善意志中的统一，因为在意志的行为里，意志的对象还没有从主体里哪怕是被理想地分离出来。如果一般地内在的统一，可以用爱这个术语来表示，那么特别地可以用这个术语来表达其内在统一是原始的和未分化的绝对领域，即意志和善的领域。"对善的意志就是在自己的内在实在中的爱，或者是爱的原始的根源。善是一切的统一或所有的东西的统一，就是爱，这个爱就是被愿望的东西，即作为被爱的对象，因此，我们在这里有作为理念之理念的，在独特的和主要的意义上的爱：这是实在的统一。真理也是这个爱，即是一切之统一，但已经是作为被客观地表象了的，这个统一也是理想的统一。最后，美还是这个爱（即一切东西的统一），但这个爱已经是被表象的或被感觉的爱：这是现实的统一。"[5]善、真和美之间的关系可以简短地表示为："绝对通过真在美中实现着善。"[6]也就

---

5　[俄]Вл.索洛维约夫，《神人类讲座》[M]，北京，华夏出版社，1999，第 106~107 页，张百春 译。

6　[俄]Вл.索洛维约夫，《神人类讲座》[M]，北京，华夏出版社，1999，第107页，张百春 译。

是说，这三个理念或三个普遍的统一，只是同一个东西的不同方面或状态，它们在自己的相互渗透中构成新的具体的统一，这种统一正是完整知识的对象。

### 3、完整知识的范畴结构

任何一种知识都是由一系列范畴构成，都有自己的范畴结构，索洛维约夫的完整知识也不例外。由于完整知识的对象是存在物，它的完整性与统一性也是由存在物的完整性与统一性决定的，因此，完整知识的范畴结构也就主要以存在物为中心范畴而逐步展开。正如后面将要说到的，索洛维约夫对存在与存在物进行了区分，将存在物看作产生和拥有存在的本原，在存在物本身之中，又区分出两个中心或两极（即存在物本身和第一质料），这样，我们就拥有了三种规定：（1）自由存在物（超在物本身），这是存在的肯定威力（第一中心）；（2）存在的必然性或直接力量（第一质料或第二中心）；（3）作为它们的一般产物或相互关系的存在或现实性。索洛维约夫将第二个规定又称为本质，并且认为本质是存在物的观念，因为本质是由存在物规定的。这样我们就拥有了存在物、本质、存在三个范畴，它们是一切实存物所共有的三个首要的逻辑范畴。存在物、本质和存在三者之间的关系可概括为：存在是存在物本身与自己的本质之间的关系。而存在物与自己的本质之间的关系即存在方式又不外乎三种，即意志、表象和感觉。存在物的本质即它的对象或内容，它也是存在物的意志、表象与感觉的对象，作为存在物意志的内容，本质被称为善，作为存在物表象的内容，本质被称为真，作为存在物感觉的内容，本质被称为美。存在物在被区分出不同的存在样式或方式的同时，也被区分成了三个主体，其中每一个主体专门由一种根本存在方式所规定，但又不排除另两种方式，而是和它们一起共同规定该主体，只不过另两种方式是次要的或从属的因素而已。在第一个主体中，表象和感觉屈从于意志，换言之，它之所以要表象和感觉，仅仅因为它想；在第二个主体中，占优势的是表象的客观因素，在这里，意志和感觉受表象支配，也就是说，它想，它感觉，仅仅因为它在表象；在第三个主体中，只有实在的或感性的存在具有特殊的或独立的意义，即它表象，它思想，仅仅因为它在感觉着。索洛维约夫称第一个主体为精神，称第二个主体为智力，称第三个主体为心灵。精神是作为意志主体和善的体现者的存在物，因此它也是真的表象的主体和美的感觉的主体。智力是作为表象主体和真的体现者的存在物，因此也是意志、善和美感的主体。心灵是作为感觉的主体和美的体现者的存在物，因此它也主宰善的意志和真的表象。

在完整知识的范畴当中，逻各斯比较难以理解，因为索洛维约夫对它的用法不完全同于该范畴的传统用法。逻各斯一词原意为词、谈话中所涉及的内容，后引申为规律性。在索洛维约夫这里，逻各斯一词既有这种传统的意义，如他有时将逻各斯与语词等同看待："表现本身，即通过他物或在他物身上确认自己，是被表现物的显露、确定或表述，是它的语词或逻各斯。"[7] "用语词或逻各斯指称第二本原的真正性质是再好不过了。"[8] "总之，逻各斯或语词是唯一客观的东西，即对他物来说是实有的，是存在和知识的本原。"[9]同时又加进了自己的新的理解，这就是将逻各斯理解为产生的统一或作为原则的统一，这一原则是绝对存在物的直接表达或显露、确定。他说："由存在物的这些始原构成的给定内容本身是逻各斯，逻各斯是规定、区分内在的发展和发现的本原——光明的本原，绝对物的一切内容在其照耀下都会被发现或变得清晰可见。"[10] "一切表现皆是区分，对于没有任何外在于自己的东西的绝对物来说，区分就是自我分解。可见，逻各斯就是处于其自我分解状态的绝对物。"[11] "逻各斯是关系，即超在物本身与它自己的原始关系，或者是它的自我分解。"[12]

索洛维约夫认为，以上各范畴之间的关系大致如下：存在物、本质和存在的基本范畴，作为一般概念，必然属于绝对物本身，同样也属于逻各斯和观念（是绝对物通过其逻各斯所实现的东西），不过程度和关系各有不同罢了。绝对物本身主要是存在物，而后才是本质和存在。作为存在物，绝对物是精

7 [俄]Вл.索洛维约夫，《西方哲学的危机》[M]，杭州，浙江人民出版社，2000，第264页，李树柏 译。

8 [俄]Вл.索洛维约夫，《西方哲学的危机》[M]，杭州，浙江人民出版社，2000，第265页，李树柏 译。

9 [俄]Вл.索洛维约夫，《西方哲学的危机》[M]，杭州，浙江人民出版社，2000，第266页，李树柏 译。

10 [俄]Вл.索洛维约夫，《西方哲学的危机》[M]，杭州，浙江人民出版社，2000，第265页，李树柏 译。

11 [俄]Вл.索洛维约夫，《西方哲学的危机》[M]，杭州，浙江人民出版社，2000，第283页，李树柏 译。

12 [俄]Вл.索洛维约夫，《西方哲学的危机》[M]，杭州，浙江人民出版社，2000，第283~284页，李树柏 译。

神；作为存在，它是意志；作为本质，它是善。逻各斯主要是存在，即表象（即表象行为）；但它也是存在物，即智力；又是本质，即真理。最后，观念主要是本质，即美；但它也是存在物，即心灵；又是存在，即感觉。十二个范畴之间的关系可列表如下：

（1）存在物（绝对物）（神学的对象）（2）存在（逻各斯）（科学的对象）（3）本质（观念）（哲学的对象）

| | | |
|---|---|---|
| 1. 绝对物……精神 | 意志 | 善 |
| 2. 逻各斯……智力 | 表象 | 真 |
| 3. 观念………心灵 | 感觉 | 美 |

在该表中，内容上属于逻各斯或观念的规定和存在形式上属于绝对物的规定，是同一个东西，反之亦然。其中智力在内容上属于逻各斯，心灵在内容上属于观念，二者在存在形式上，即作为存在物或存在物的种类，属于绝对物本身，而绝对物则主要是存在物；意志在内容上属于绝对物，感觉在内容上属于观念，在存在形式上，作为两种存在，它们和表象一起都属于逻各斯，而逻各斯则主要是存在；善在内容上属于绝对物，真在内容上属于逻各斯，在存在形式上，它们作为本质，和美一起，同属于观念，而观念则主要是本质。由此可见，对象之间在形式与内容上相互交织，构成一个完整的统一体，完整知识的完整性正是来源于此。

## 二、完整知识的一般根据

### 1、存在物与存在的区分

索洛维约夫认为，存在物与存在之间的区别非常重要，它具有世界观上的意义。"存在物和存在的这种区别，不仅对逻辑，而且对整个世界观，都有决定性的重要意义，因此我们应当对它进行详细研究。"[13]

通常人们都把哲学看作研究存在的学科，如：自然主义经验论开始断言存在是实物，后来又将实物归结为知觉，最终得出了存在就是被感知的结论；理性主义观念论则把存在定义为思想。由于它们是以主客观存在的对立为出发点的，因而为了调和这种对立，自然主义经验论将存在融于知觉，理性主义观念论则将存在融于思想。这样一来，它们所谓的存在就都成了一般的存在，即主客观存在的同一。这是对存在的误解，其实存在有两种截然不同的

---

13 [俄]Bл.索洛维约夫，《西方哲学的危机》[M]，杭州，浙江人民出版社，2000，第237页，李树柏 译。

含义。一种是作为主体的实在属性的存在，另一种是作为实在谓项的语法谓项的存在。前一种存在概念可用于某个主体，它是实有的；后一种则只能用于主体的谓项，它只具有语法意义，而没有任何相应的现实事物。在第一种情况下，可以举"我在"，或"这个人在"作为例子，这里的"在"是我或这个人的存在的所有现实方式，包括思想、感觉和愿望等等。在第二种情况下，可以举"这个思想或知觉在"作为例子，由于像思想、知觉这样的存在方式只存在于作为主体的我之中，因此，这里的"在"只能表示：我在思想，我有知觉，或者说表示它们所归属的主体存在。不能简单地说"思想在"或"意志在"，因为它们在必须以它们的主体存在为前提。自然主义经验论的错误在于将个别的经验性谓项实在化，而理性主义观念论的错误则在于将一般的抽象谓项实在化。要避免这类错误，我们就必须承认，哲学的真正对象是有其多个谓项的存在物，而不是独立自在的谓项。这里所说的哲学是指真正的哲学，也就是自由神智学或完整知识。索洛维约夫认为存在物是与存在不同的概念，他认为存在物自身应该包含三个要素，即原子、活生生的力量（单子）和理念。因为第一，它应该是一个独立的个体，是存在之独特的中心；第二，存在物应该拥有积极的力量，有能力发挥作用和发生变化；第三，存在物应该拥有本质上确定的内容，或代表一定的理念。因此，存在物也可以作如下定义："……完整的真理就是这三个概念的综合：原子、活生生的力量（单子）和理念，这个综合可以用简单的和通用的词来表达，这个词就是存在物。"[14]存在物分为基本存在物与绝对存在物，基本存在物的全体构成了一切，它们的内在统一则构成了绝对存在物。绝对存在物的完整性表现为无和一切：说它是无，是因为它什么都不是；说它是一切，是因为它什么都不会失去。因此，绝对存在物被分为两个极端或中心：一个是绝对统一或真正唯一的本原，它摆脱了一切形式、一切表现；另一个是存在的本原或生成力，它产生形式的多数性，是存在的直接潜能或第一质料。一方面，第一质料是自由存在物的必然属性，没有存在物的第一质料是不可思议的；另一方面，第一质料是存在物的第一基质，没有第一质料的存在物不可能表现出来或自在。正是这种绝对的存在物构成了完整知识的对象，同时也为它的完整性提供了根据。历史上的各种哲学理论之所以都具有片面性，原因就在于它们都不是将绝对存

---

14 [俄]Вл.索洛维约夫，《神人类讲座》[M]，北京，华夏出版社，1999，第57页，张百春 译。

在物作为自己的对象，而是将它的表现——存在作为自己的对象。而存在是存在物的谓项，它是相对的，存在物则具有多个谓项，也就是说，每个个别存在物都有多种存在方式，每一种存在方式都只是从一个方面表现存在物本身，因此，对于存在物来说，每一种存在方式都具有片面性。由于存在物是绝对始原，有其绝对的现实性，这种现实性既不依赖于外在物质世界的实在性，也不依赖于我们的思维，因而它不能构成认识的内容，从这种意义上说，它是不可知的，它的存在是靠信仰保证的。但是它在下述意义上又是可知的，即如果将被认识物理解为自在的认识对象，这样它不但可知，而且从狭义上讲，只有它才是唯一可知的，因为只有它才是真正的存在物。

## 2、三种哲学类型的困境

索洛维约夫认为，整个哲学可划分为三种类型，即经验主义或自然主义、理性主义或观念论和神秘主义。其中前两种类型可称之为学院哲学，它们虽然都在追求真理，然而由于它们对哲学对象的不同理解，实际上却无法达到自己的目的。经验主义将哲学的基本对象理解为外部世界，并因此把外在经验看作认识的真正源泉。在寻求普遍的和不变的真理时，经验主义走过了古代自发的唯物主义、文艺复兴时期的物活论与近代机械唯物主义或原子论等三个阶段。然而随着原子或者根本不存在，或者是非物质的力的单位（活的单子）这个结论的得出，机械唯物主义连同一切自然主义世界观不得不最终彻底崩溃。于是，经验主义者不得不面临两种选择：一种是承认单子的实在性之后，着手研究它们的内在内容和相互关系，但这明显超出它自己的范围；另一种是接受这种观点必然造成的一切否定的后果，也就是说，如果认识的唯一源泉是外在经验，而它又不能为我们提供任何存在的基础，只能提供被归结为我们的知觉和表象的现象，那么就应当认为这样的现象是我们认识的唯一对象。这样自然主义与实证科学就融为一体了，这个结果被认为是人类理性对形而上学的彻底胜利。然而由于经验主义所赖以成立的基础——归纳逻辑本身缺乏可靠的必然性，于是它们不得不将现象的普遍规律诉诸于自己武断的公理，即断言自然界的活动形式是恒常不变的。也就是说，现象规律的不变性是基于对这种不变性本身的简单确认。

由于现象被定义为非自在的东西，它的存在和作为认识主体的我们有关，实际上是我们的知觉，或者说被归结为我们的各种意识状态。这不可避免地导致以下结论，即我自己作为主体也应当被归结为我的意识状态。但这样一来，任何现象都失去了赖以表象的主体，因而都被归结为某种模糊不清的、自我包含的、与他物没有任何关系的存在，这显然与经验主义的初衷背道而驰，并最终迫使它承认认识着的主体本身拥有非现象性的绝对存在，而这实际上与观念论很接近了。

理性主义观念论承认主体本身有其绝对存在，但他们所谓的主体并不是具体的经验主体，而是一般的观念。这种普遍的、必然的观念不是由经验给定的，因此，经验不能认识它们，只有纯粹的先验思维才能认识它们。这种观念论进一步将一般概念看作真正存在物，认为一切实有的东西都是一般概念的发展。这样理解的概念只能是本身不包含任何内容的东西，也就是无。这样一来，一切都出自无，或者说一切本质上都是无。也就是说，一切都是纯粹的思想，其中既没有思维者，也没有被思维物，既没有行动者，也没有行为对象。在这里，我们看到了理性主义观念论与自然主义经验论之间的殊途同归。前者也和后者一样，最终走上了一条自我否定的道路。

经验论与观念论的破灭，说明哲学的真正对象既不在外在世界之中，也不在我们的观念之中，而除此之外，就只能承认它有其绝对的现实性，这种现实性既不依赖于外在物质世界的实在性，也不依赖于我们的思维，相反，"这种现实性把真正存在物的实在性赋予这个世界，而把真正存在物的观念内容赋予我们的思维。"[15]这种观点属于第三种类型的哲学，即神秘主义。

神秘主义认为，真正的知识既不包含在认识的逻辑形式之中，也不包含在认识的经验内容之中，它除了具有理论形态之外，还必须符合善的意志和美的情感。虽然存在着单独的或抽象的认识能力能理解的真理，如逻辑真理与事实真理，但前一类真理缺乏现实性，需要实在化，后一类真理缺乏理性，需要理性化。神秘主义哲学虽然也是通过观念和思想运动的，但它知道，这些思想之所以有意义，仅仅是因为它们属于通过它们进行思维的、其本身已经不是思想而是大于思想的东西——人本身。人本身大于表象或存在，因此即使不超越自己本身，他也能了解存在物。

神秘主义只能充当真正哲学的基础，它本身还不能构成真正的或综合性的哲学的（即完整知识或自由神智学的）体系。因为它有其局限性，即它只确认一种具有内在绝对可靠性形式的直接知识，它所肯定的只具有直接实体

---

15 [俄]Вл.索洛维约夫，《西方哲学的危机》[M]，杭州，浙江人民出版社，2000，第208页，李树柏 译。

性的存在物，只能被同样直接的情感或信仰所感知，而对作为观念的存在物的客观发展，神秘主义或者加以忽略，或者坚决否定，把知识的一切对象性的和观念性的内容统统归结为人类智力的主观幻想。另外，它还缺乏逻辑思维的证明与经验事实方面的确认。神秘主义一旦克服了自己的局限性，那它就实现了与经验主义、理性主义的综合，这样的综合知识实际上就是完整知识，因为它与哲学、神学与科学的综合具有相似性：神秘主义与神学相应，经验主义与科学一致，而理性主义则独具哲学所特有的抽象性质。

### 3、对怀疑主义的驳斥

完整知识遭到了怀疑主义的挑战，怀疑主义分为流行的怀疑主义与学院派怀疑主义两类，前者从我们人类智力的有限性角度、后者从三个方面对完整知识提出了质疑，因此，不驳倒怀疑主义，完整知识的理论就不可能真正被确立。而一旦驳倒了怀疑主义，就意味着从反面为自己存在的根据提供了证明。

流行的怀疑主义认为，我们人类的智力是有限的，因而不可能认识关于物的本质，我们因此也不可能具有任何集中的和任何完整的认识。但是，它们关于人类智力是有限的这一结论显然或者得知于经验，或者其本身是先验的。

经验分个人与历史两种，在这里，个人经验显然不足为据，因而怀疑主义者只能直接引证历史经验。他们认为，历史经验证明，人类智力不能得出有关物的本质的任何正确认识，任何现实的形而上学。然而，任何经验在给定的时间里无论如何不具有普遍意义，过去的经验只能证明过去人类在这方面一直没有取得成功，但是，我们决不会知道，人类已经走过的时间和它将要经历的时间处于一种什么关系之中，因而我们决不能凭过去的失败断言将来我们也不会成功。这就像我们决不能凭一个出生三个月的婴儿不会说话就断言他根本不能说话一样。既然我们认为，在人类发展的某个阶段，人类可能有能力得出形而上学的认识，那么我们又怎么能够不相信，此刻这个未来已经到来了呢？可见，以历史经验为依据并不能确保得出人类智力是有限的结论。这一结论是否是先验的呢？即这一结论是否应被看成是人类自身的本性使然？若是，则我们又会面临以某种新的形而上学假设来否定已有形而上学的窘境，因为上述观点已经预先设定，我们熟知人类智力的本质，所以是在假设关于某种本质的认识，这无疑是形而上学。

　　学院派怀疑主义从三个方面，即真正存在物是绝对本原，或者是认识着的主体，或者是具有现实性的认识的自身本性，论证了完整知识之不可能，但它们的论证要么先入为主，要么窃取前提，根本不能成立。

　　怀疑主义的第一个论点是，一切形而上学的假定对象都是自在之物或存在物本身，这种对象是我们无法认识的，因为我们只能认识现象。这种观点显然将存在物与现象绝对对立起来了，认为二者绝对各自独立而没有任何联系。然而这种观点不仅毫无根据，而且完全是荒谬的。这是因为，第一，真正存在物不是真正的现象性存在之物，这里的不是并非表示绝对对立，而只是表现差异或局部对立。第二，真正存在物是一切现象性存在的绝对基础。

　　现象总是某物的现象，它如果不是自在的存在物的现象，又会是什么东西的现象呢？因为一切事物不是自在，便是他在，不是存在物，就是现象。现象无非是自在的存在物的显露，所以我们在认识现象时，也就因此对通过现象暴露出来的这个存在物有了某种认识。这正如镜子里的映象不是它的原型，不能将它们混为一谈，但它至少给我们提供了关于对象本身的真实表象，我们通过它多少可以获得一些关于对象的认识。我们说只能认识现象，实际上只不过表示：我们能认识可认识之物；存在物的可知性或客观存在，即它的为他物的存在，不同于它的自在的主观存在。索洛维约夫因此给现象与自在的存在物下了一个精确的定义："我把现象理解为存在物的可知性、它的对象性或为他物的存在；我把自在的或自为的存在物理解为该存在物本身，因为它不属于他物，即它自有其应有的现实性。"[16]这样一来，我们决不可能把其中的一个范畴完全强加给形而上学本质，而把另一个只强加给我们的现实经验世界，从而使这两大领域分离，使一者对另一者绝对格格不入。索洛维约夫由此认为，我们的日常认识和形而上学认识之间的差别只是相对的。任何现实的认识都是通过存在物的现象对存在物的认识，差别可能仅仅在于，形而上学认识是指得到直接的整体显露的存在物，而我们的日常认识或物理知识则只涉及存在物的局部的和次要的现象。

　　怀疑主义的第二个论点是，我们的智力作为认识者，必然有其无法突破的某些必然形式和范畴，因此它永远不能认识不以我们智力的主观形式和范畴为转移的真正存在物。这种观点的问题在于：第一，它不能得到证明；第

---

16 [俄]Вл.索洛维约夫，《西方哲学的危机》[M]，杭州，浙江人民出版社，2000，第231页，李树柏 译。

二，说形而上学本质不决定于我们的实际空间和我们的实际时间，与说它一般是否受某些形式的限制，即它自身之中有没有什么与它们相应的东西，是两个完全不同的问题。而只要无法证明我们的认识形式绝对是主观的，那么从主体方面看，形而上学认识的一般可能性就是可以设想的。

怀疑主义的第三个论点是，因为我们的认识的全部现实内容，都可归结为我们的表象，或归结为我们的意识状态，而形而上学本质则不可能是我们的表象，所以它对我们来说是不可知的。这里的问题在于，一方面，我们的表象不可能独立自在，除了自己的主体，她们还要求有决定性的客观原因，即存在物，因为它们无非是这个原因的可知性。另一方面，因为一切现象都是存在物的为他物的存在，所以断言形而上学本质不可能是我们的表象或意识状态，无异于断言它根本不能得到表现或显露。但这必然导致以下问题：第一，与形而上学存在物的真正定义相矛盾；第二，因为现象根本不可能独立自在，而必须是存在物的现象，所以断言存在物不可被认识，就意味着对现象本身存在的否定。

怀疑主义的三个论点概括起来就是，将存在物与现象绝对对立起来，否认二者之间的联系，断言我们的认识只能达到现象，而绝不能达到存在物本身。索洛维约夫的观点正好与之相反，认为，真正的存在物不是特有的、简单的和模糊不清的实体，它具有现实的和完满的存在的所有力量；现象不可能和存在物分离，存在物可以通过其现象在某种程度上被认识；我们的认识形式的主观存在，不妨碍这些形式与认识主体范围外的独立实在相符合；如果我们的认识的所有因素都是表象或映象，那么它们所表现的或描述的就是存在物，因此存在物通过它们即可被认识。怀疑主义的观点应该说是具有代表性的，因此，索洛维约夫认为通过对它的驳斥可以从反面为完整知识理论提供理论依据。

## 三、完整知识的一般特征及完整知识论的不足

### 1、完整知识的对象与目的

前面已经说过，完整知识的对象是真正存在物，在这一点上，它与经验主义和理性主义的区别是显著的。因为经验主义认为认识对象不是存在物，而是现象或事实上的即经验中给定的关系；理性主义认为知识的对象不是作为观念的存在物，而是独立自在的观念本身。倒是神秘主义在表面上与它有

着一定程度的相似性，因为神秘主义也肯定存在物是真正认识的对象。但是，它们之间仍然存在着区别，主要在于神秘主义虽然认为存在物是认识的对象，但它理解的存在物只具有直接实体性，因而只能被同样直接的情感或信仰所感知；对作为观念的存在物的客观发展，神秘主义或者加以忽略，或者坚决否定，而把知识的一切对象性的和观念性的内容，统统归结为人类智力的主观幻想，这必然要导致绝对的怀疑主义。完整知识论在承认存在物具有绝对的第一性的现实性的前提下，进而承认存在物中理应包含的东西和被神秘主义忽略的东西。具体地说就是，既然存在物具有绝对的现实性，是绝对的即完整的存在，那么它就不会排斥任何内容：既不会排斥我们理性思维的内容，也不会排斥我们的经验的内容。所以，完整知识论不仅克服了理性主义与经验主义的片面性，而且克服了神秘主义的片面性，并且包含了它们的所有客观内容。

认识的目的是什么？对于这个问题，索洛维约夫与理性主义、神秘主义以及经验主义的回答也存在着差别。理性主义认为，作为精神活动最高形态的哲学认识本身就是目的，从一定的意义上看，这一观点并没有错，哲学作为知识的理论要求的满足，它本身的确是目的。问题在于，这种理论要求本身不仅仅是众多要求中的一种个别要求，而且是人的完整的或绝对的生命的一般最高要求，对这种生命来说，其余的东西只能是手段。这种绝对的永恒生命，其本身即是至善极乐，因此，真正知识的目的必须决定于它，也就是说，完整知识不受任何其他个人活动的支配，而是和这些活动一起，共同服务于一个绝对目的。于是，问题就转化为，在什么情况下，人才能享有这种至善极乐？显然只有在下述情况下，人才能达到该目的：即人不屈从于任何外在的与他格格不入的条件，不接受任何被迫的外在规定，因为任何这样的规定都是苦难。而人要摆脱强加于他的外在性，只有和自身的东西，即符合自己真正本质的东西内在地结合起来，使自身包含一切。换言之，人只有通过与真正存在物的内在结合，即皈依真正的宗教，才能是真正自由的。使人摆脱外在性以及与之相关的恶和苦难，与整体存在物相结合，这些实际上构成了人类全部正常活动的现实目的，因而也是完整知识的目的。

神秘主义也承认人与作为真知之目的的绝对物的结合，但它对绝对物的理解是片面的，这必然导致它把同绝对物的结合，片面地理解为融合或吞没。然而，这样做的结果只能导致泯灭，即佛教所谓的涅磐，世界被人吞没，人被自身吞没。但涅槃并非自由，更非极乐，因而不可能成为目的。经验主义将知识视为获得统治自然界的威力或权力的最伟大的手段，这样的知识是否能使人获得自由呢？答案显然是否定的，因为为了得到真正的和充分的自由，人不仅应当拥有控制外在世界的权力，还应当能控制其自身的天性，后面的这个要求不可能被经验主义的知识所满足。人从哪里可以得到这种内在的自由或统治自己天性的权力呢？他显然不可能从自己身上获得这种权力，这正如一个人不可能抓住自己的头发把自己提起来一样。唯一的可能是把自己的中心从其自身天性转移到另一个最高本性，即绝对的先验的世界，这一绝对的先验世界就是真正存在物。

完整知识的目的是促使人与真正存在物的内在结合，这一点与它的目的是追求真理是一致的。因为真正的完整真理，其本身必须同时又是善和美，才是强大的。因此，完整知识是与真正的创造和道德活动不可分割地联系着的，它不可能脱离开其他精神领域，而是必须和它们共同达到最高目的

### 2、完整知识的材料、形式和动力

完整知识的材料是由经验提供的。我们心理生活或意识状态材料的全部总和，通常可以分为三类，即外在经验、内在经验与神秘现象。外在经验是这样的意识状态，在该种状态中，我们能感知自己是由某种外在于我们的东西所决定的，但我们又不能直接认识这种东西，只能感觉到它对我们的作用。内在经验是处于下述意识状态的经验，处在这种状态的我们，能认识到我们自己天性的主要表现或由这种天性决定的意识状态。神秘现象是下述现象，通过它们，我们觉得自己是有别于我们但并非外在于我们的本质决定的，这种本质可以说比我们自身还要更加内在、更加深刻和重要；通过这些现象，我们觉得自己不是从属的，不是受制于人的，相反，我们在超越自身，并能获得内在的自由。

无论是经验主义，还是理性主义，都忽视或否定神秘现象的独立性，前者只把客观现实性意义赋予外在经验材料，只把心理现象看成物理现象的次要的主观变体；后者则完全承认内在现象或心理现象的独立的现实性，而不把它们归结为外在经验，认为神秘现象只不过是心理生活不正常的病态变体。它们这样做的结果，导致了当代科学中普遍盛行的还原行为，即把一类现象归结为另一类，而且是把更为重要和深刻的现象还原为肤浅次要的现象，如

把神还原为人，把人还原为动物，把动物还原为机器，质言之，就是从贫乏的、脆弱的和空洞的存在中，引申出充实的、富于内容和力量的存在。然而这种还原倾向是不可能真正实现的，因为它违反逻辑，并且是以完全忽视这一类或那一类现象独具的特殊性质为前提的。不过，当代科学的这一倾向，就其肯定存在的一切形式的本质统一和内在联系及确认存在的高级领域对低级领域的依赖性这两点来说，还是可取的；谬误仅仅在于它不是在一切存在的一般的绝对中心去寻求这种统一和这种联系，而是在该存在的一个领域里去寻找它们，并且是在一个最低级和最肤浅的领域，并且将存在的高级领域对低级领域的依赖性错误地归属于存在本身，认为最高本质没有自在的和自为的存在，它们只不过是从低级存在物中获得存在的。

神秘现象的基础也是经验，但它是人类的整个历史所提供的经验，有人以体验到这种经验的人很少为理由否定它的存在，这是没有道理的，因为在某些现象的现实性问题上，现象主体的人数多少，显然是无关紧要的。有些人则断言神秘现象的不可能性，企图通过这种断言达到否定它存在的目的。这也是站不住脚的，因为关于可能性即可意料性的纯先验的问题，可能仅仅与概念和判断有关，而与现象本身毫不相干。"不可能的现象"，"难以想象的事实"，这都是没有意义的废话。

与经验主义、理性主义和神秘主义不同，作为完整知识的材料虽然也是由经验提供的，但它们并不是片面的，而是由神秘现象、心理现象和物理现象的全部总和共同提供的，完整知识对所有这三大类现象的现实性，都能一视同仁地加以感受。不过，这些现象对完整知识的意义各有不同，就其与一般绝对中心的关系讲，它们彼此处于某种等级从属状态。其中神秘现象具有头等的和基本的重要性，其次是心理现象，最后是最肤浅的和没有独立性的物理现象。物理存在领域作为外在的周边统一体，是存在物的最终实现，心理领域则是中心和周边之间的内在中介；二者对充实绝对存在无疑都是必要的。

然而，上述的现象都只是个体的、直接的，对所有这些处于直接个体状态的现象的认识是不能构成完整知识的，它们只是构成完整知识的材料，要成为完整知识，还需要获得普遍的即完整的真理的形式。一般来说，知识的形式有三种，第一种称为智力直觉或直观，它构成完整知识的真正第一性的形式。第二种称为感性知觉。这两种形式都不可能单独存在，在我们的各个知识领域它们只有数量或程度上的差别，主要看是现象经验为主，还是观念直觉为主。第三种形式称为抽象思维。它本身没有任何肯定的内容，只是感性知觉和智力直觉之间的界限或中间环节，是人类智力的过渡状态。感性知觉由于是以个别现象为对象的，因而它缺乏普遍性与必然性，不可能为我们提供普遍性的真理或观念。抽象思维虽然能摆脱感性知觉的统治，并以否定的态度对待它，但是，它还不能掌握有其充实完整的现实客观存在的观念，不能内在地和根本地与之结合在一起，而只能触及其皮毛，涉猎其外在形式。因此，它或者只能充当感性知觉的缩写，或者只能充当智力直觉的反映。由此可见，无论是感性知觉，还是抽象思维，都不能构成完整知识的形式，有资格充当这个角色的只有智力直觉。

智力直觉的最好例证是艺术创造，通过艺术创造可以比较清楚地了解智力直觉与其他两种形式的区别。艺术作品体现出来的观念形象既不是个别的和偶然的现实性的可观察现象的简单再现，也不是从这种现实性中抽象出来的一般观念。虽然观察和抽象概括都是形成艺术观念所必须的，但仅靠它们是不可能进行艺术创造的。因为艺术的观念和形象并不是观察和反思的复杂产物，而是需要内在完整性的智力目光才能获得的。抽象的理性和对现实的盲目模仿都是艺术作品的缺点。真正的艺术形象或艺术典型是完美的个性和完美的共性的内在结合，这种结合构成真正的智力直觉观念的本质特征或规定，这种观念既不同于只有共性的抽象概念，也不同于只有个性的个别现象。既然艺术的对象既不可能是外在观察可及的个别现象，又不是反思所得出的一般概念，那么很显然就只能是智力直觉或直观所见的整体观念。

作为完整知识第一性形式的智力直觉虽然与艺术的智力直觉具有本质上的近似性，但二者并不是无差别的。艺术的对象是某个单独的观念，而不管它们和其余的所有观念的关系如何；而完整知识的对象则不是某一种观念，而是整个宇宙观念，即作为真正存在物之客观表现的、有着内在关系或相互作用的所有观念之集大成。由于观念之间的现实联系或者说观念宇宙的整体性，是由宇宙的绝对中心确定的，所以只有处在该中心的目光，才能直接观察到这种联系和整体性；对人类智力来说，对先验的关系只能得出第二性的、反思的和纯逻辑的认识，即认识它们的一般形式，换言之，我们只能通过和内在的东西类比的方法，才能认识先验关系。总之，完整知识的构成因素是接受智力直觉的观念，在这一点上，完整知识和艺术是相同的，但是，通过抽象思维实现这些观念的一般联系，则是完整知识与艺术的不同之处。

我们已经知道了完整知识的形式是智力直觉，但由于对观念的智力直觉不是人的日常状态，并且它毫不依赖于人的意志，因此，必然会产生下面的问题：是什么样的能动原因使人能够观察到实有的观念呢？我们自己显然不能先验地从自身获得任何关于某个他物的现实认识。我们对先验观念的现实认识（智力直觉），必定依赖于观念的或先验的存在物对我们的内在作用，这和我们关于外在现象的现实认识必定依赖于外在存在物或者说事物对我们的作用一样。为了使观念或现象的客观现实性得到确认，必须把一个或多个存在物本身同它的观念形式和实在形式区分开来。观念存在物对我们的作用，使我们产生智力直觉认识，即认识观念存在物的观念形式，这种作用被称作灵感。正是这种作用把我们引出我们通常所在的自然中心，把我们推上最高领域，从而使我们产生出狂热情绪。没有直觉灵感作基础，就不可能有任何客观的活动和任何客观的认识，不过直觉灵感的作用对不同的知识领域所具有的作用是有差别的，它们对作为完整知识的哲学来说，显然比对数学等具有更大的意义。

### 3、完整知识论的不足

在自己的完整知识论中，索洛维约夫认为，如果对象之间是完全独立的，那么它们的绝对存在就是人无法达到的。那样主体只能获得关于对象的外在的形式，他具有的知识也只是关于对象有条件存在的知识。但是，实际上索洛维约夫认为，人能获得关于对象的绝对存在的知识，因为认识者内在地同被认识者相联系，处于同它们的本质统一之中，这种统一表现在一种直接的信念中，人正是带着这种信念确信对象存在的。按照索洛维约夫的观点，在这种确信中，认识者是自由的，既不被经验事实所束缚，也不被纯粹的思维形式所束缚。在这种确信中，主体既不是作为经验上的感觉者起作用，也不是作为理性的思维者起作用，而是绝对的和自由的。他说道："这种信仰是我们摆脱一切的证据，同时又表现出了我们与一切内在的联系。"[17]

前面已经说过，索洛维约夫指出，在任何对象中，我们都能区分出下面三个方面：第一，它的实体存在或者内在的现实性——对象自身的本质，第二，它的一般本质，即普遍的和必然的规定和性质，它们构成存在的逻辑条

---

17 转引自 Фараджев К.В.，《Владимир Соловьев: мифология образа》[M]，《Аграф》，2000，c.122.

件，第三，它的外在的、可见现实性，它的表现，即为他的存在。对象的自身存在，它的内在现实性只有被信仰和神秘的知觉才能确证，它适合于宗教原理，对象的可思维性属于哲学思辨，而它的表现或外在的现实性属于经验科学研究的对象。

在这里，我们可以区分出两种信仰概念：第一种是作为直接信念的信仰，人依靠它确信对象的绝对存在，并且证明我们摆脱一切同时又内在地同一切相联系；第二种是作为认识对象自身存在的能力的信仰。索洛维约夫写道："某个对象意思是指，某物要具有比我们对它的所有感觉多得多的唯一性，某物无论如何不能属于或者成为另一个对象的谓语，它完全是特殊的——即指'这个对象'。"[18]接着他解释道："对象的观念在多大程度上不依赖于我们局部的和偶然的感觉与我们理智的抽象作用，它自身的本质就在多大程度上被我们的智力所想象。"[19]在这种情况下，大概会出现将想象与信仰混同的结果。为了用某些客观对象来限制想象，索洛维约夫引进了对象的形式或它的一贯观念的概念，对象的一贯观念包含在我们精神的不可见的无意识深处，同时又是形而上学的，即处于我们的自然意识之外的主体对对象的关系之中。而"当我们的智力整理我们的感觉，即将预先存在于它里面的形式附加于感觉的时候，感觉自身就会倾向这一理想的形式。"[20]

在这里我们可以看到不同的概念之间的混淆。智力附加给感觉的"预先存在于自身中的形式"，同时又隐藏"在我们精神的不可见的无意识的深处"。这里索洛维约夫所谓的"智力"显然不是指理智，而是指人的精神的某种绝对能力，这种能力有时被称为信仰或神秘的知觉，有时被称为想象，有时被称为无意识，有时被称为主体对对象的形而上学的关系，有时干脆称为认识形式或对象的一贯观念的能力，这种形式隐藏在"我们精神的不可见的无意识的深处"，在这里，我们明显可以看出柏拉图思想的痕迹。

索洛维约夫试图发现认识者同认识对象之间的统一性，找到处于人的自然意识深处的本体联系。源于完整知识概念，信仰作为"对存在物的绝对存

---

18 转引自 Фараджев К.В.，《Владимир Соловьев: мифология образа》[M]，《Аграф》，2000，c.124.

19 转引自 Фараджев К.В.，《Владимир Соловьев: мифология образа》[M]，《Аграф》，2000，c.124.

20 转引自 Фараджев К.В.，《Владимир Соловьев: мифология образа》[M]，《Аграф》，2000，c.124.

在的直接信念"，为一切人所具有，并且是将信仰发展为渗透在我们精神的不可见深处的能力的必要基础，而多亏在人的自然意识中的对象的本体形式同时被隐藏到了对象的深处。索洛维约夫对信仰概念的混淆也不是偶然的，因为在这个概念中隐藏了忽视宗教经验与人周围的现实之间二律背反的诱惑。

索洛维约夫说："我把现象理解为本质的可知性、它的对象性或为他物的存在；我把自在的存在物理解为该存在物本身，因为它不属于他物，即它自有其应有的现实性。由此直接得出这些范畴的相互关系，并且决不可能把其中的一个范畴完全强加给形而上学本质，而把另一个同样绝对地只赋予我们的现实经验世界，从而使这两大领域分离，使一者对另一者绝对格格不入。"[21]但是，如果"现象是本质的可知性"，而索洛维约夫所谓的"存在物"又是指"同样的本质，因为它不属于他物"，那么由此应该"直接得出"存在物本来的不可知性和不能将信仰作为整个先验的认识过程的完成阶段而包括在"三阶梯式的知识"过程中。

的确，通常的认识或"想象"如何才能转变为形而上学的认识或想象？"我们的常识和形而上学认识之间的差别，可能只是相对的和一定程度上的差别"[22]。这就意味着，将相对认识转变为绝对认识是可行的。上面提到的索洛维约夫对某些概念的混淆，其根源可能就包含在上述假设中。

别尔嘉耶夫虽然认为教义可以被内在经验体验到，但仍坚持这种经验不可避免的二律背反。他写道："索洛维约夫的哲学——神学的论文引起了苦恼和批评。在神秘主义中，理性主义的写作风格，矛盾的某种平庸化与钝化，令人不愉快。一切都太平坦，太顺利和公式化"[23]接下来，他继续写道："但我们知道，存在着白天的与夜间的两个索洛维约夫"。在指出索洛维约夫的哲学学说不存在反常与二律背反时，他谈到了在哲学——神学纲要中，索洛维约夫掩盖了自己，而没有暴露——建立"玫瑰色的基督教"的想法。按照别

---

21 [俄]Вл.索洛维约夫，《西方哲学的危机》[M]，杭州，浙江人民出版社，2000，第231页，李树柏 译。

22 [俄]Вл.索洛维约夫，《西方哲学的危机》[M]，杭州，浙江人民出版社，2000，第231~232页，李树柏 译。

23 Н.Бердяев，《Проблема Востока и Запада в религиозном сознании Вл.Соловьева》[A]，стр.《О Владимире Соловьеве》——Томск：Издательство 《Водолей》，1997，с.96.

尔嘉耶夫的意见，索洛维约夫的天才尤其表现在诗歌和"关于敌基督的小说"中，在它里面，这个世界的理智，理性主义的公式化，被丧失理智的先知战胜了。

在很多情况下，特鲁别茨科伊遵循着类似的看法，他说："在索洛维约夫身上，两个极端毗连着：他完全不能容忍缺乏神秘因素的常识，任何现象在日常经验中的普通认识，如果缺乏认识者同永恒的观念，即同神的本质自身的接触，对他来说，都是不可能的，另一方面，他又在自己的完整知识学说中认为，可以像推出几何定理那样由存在概念推出关于三位一体的学说……在两种情况下，我们同样忘记了两个世界的界限，这个界限在两个方面被破坏了；因为由现实世界可以上升到神秘世界，而神秘世界也经常被解释为现实世界……"。[24]

对于类似的责备，还可以提到布尔加科夫关于思辨认识与形而上学认识之间的比较的观点。他指出，个性上帝的概念在索洛维约夫的形而上学中是中心概念，它纯粹是在完全独立于启示的情况下用思辨的方法获得的，尽管它必须与启示相结合。有趣的是，后来在"宗教的先验问题"一文中，他写道："教义……在他的抽象的议论中，处在高于逻辑思维的地位……它是表现在概念中的公式……因此进入思维中的教义，对他来说，是先验的……不是思维的结论和产物。教义……是不需要逻辑讨论的"。[25]应该说，布尔加科夫在他生命的最后阶段匆忙研究了神学，而不是纯粹的神智学，这与他承认宗教经验的二律背反不无关系。

---

24 转引自 Фараджев К.В.，《Владимир Соловьев：мифология образа》[M]，《Аграф》，2000，c.128.

25 转引自 Фараджев К.В.，《Владимир Соловьев：мифология образа》[M]，《Аграф》，2000，c.129.